TABLE

Des Titres contenus dans cette Ordonnance.

ORDONNANCE

ORDONNANCE
DU ROI,

Portant Règlement sur l'Administration de tous les Corps, tant d'Infanterie, que Cavalerie, Dragons & Hussards; Sur l'Habillement; Sur les Recrues, Rengagemens & Remontes; La discipline, la subordination, la police intérieure; Les récompenses, les punitions; La nomination aux Emplois vacans; La formation des Troupes en divisions; les Congés, les Semestres; Les revues des Commissaires des guerres, & celles des Officiers généraux.

Du 25 Mars 1776.

A PARIS,
DE L'IMPRIMERIE ROYALE.

M. DCCLXXVI.

ORDONNANCE DU ROI,

Portant Règlement sur l'Administration de tous les Corps, tant d'Infanterie, que Cavalerie, Dragons & Hussards; Sur les recrues; Sur l'habillement; rengagemens & remontes; La discipline, la subordination, la police intérieure; Les punitions, les récompenses; La nomination aux Emplois vacans; La formation des Troupes en divisions; Les Congés, les Semestres; Les revues des Commissaires des guerres & celles des Officiers généraux.

Du 25 Mars 1776.

DE PAR LE ROI.

SA MAJESTÉ jugeant de la plus grande importance de prescrire des règles invariables sur tout ce qui concerne ses Troupes, & principalement sur l'administration intérieure des régimens, sur la discipline, & sur la subordination; considérant que si l'ordre eſt le principe de tout bien, c'eſt dans l'état militaire qu'il eſt le plus intéreſſant de le maintenir; & convaincue que la force des Troupes eſt dans leur obéiſſance, & que c'eſt la diſcipline qui prépare les victoires, Elle a ordonné & ordonne ce qui ſuit :

TITRE PREMIER.

De l'Adminiſtration.

ARTICLE PREMIER.

AUSSITÔT que les Ordonnances de ce jour, concernant la nouvelle formation des Troupes, auront été exécutées, il ſera établi dans chaque régiment d'Infanterie, de Cavalerie, de Dragons & Huſſards, un Conſeil, ſous le titre de *Conſeil d'Adminiſtration*, qui ſera compoſé du Colonel ou Meſtre-de-camp commandant, du Colonel ou Meſtre-de-camp en ſecond, du Lieutenant-colonel, du Major, & du plus ancien Capitaine, qui tous auront voix délibérative.

2.

LE Colonel ou Meſtre-de-camp commandant ſera le chef du Conſeil d'Adminiſtration, qui, en ſon abſence, ſera préſidé par le Colonel en ſecond, & à ſon défaut, par l'Officier qui commandera le régiment.

3.

LE Conſeil qui ſe tiendra chez le chef devant toujours être compoſé de cinq perſonnes, les Membres abſens ſeront remplacés par les plus anciens Capitaines préſens.

4.

CE Conſeil qui s'aſſemblera une fois par ſemaine, & extraordinairement toutes les fois que celui qui devra préſider le jugera néceſſaire, mettra en délibération généralement tout ce qui intéreſſera le Corps.

5.

Le Lieutenant-colonel, & en son absence le Major sera le rapport des objets à mettre en délibération. Il en sera rédigé un précis qui sera inscrit par le Quartier-maître, ainsi que les décisions du Conseil, dans un registre qui sera établi à cet effet, qui sera appelé *Registre du Conseil*, & que les cinq Officiers signeront à la fin de chaque séance.

6.

Le Conseil étant établi pour veiller au bon ordre, à l'économie, à toutes les fournitures nécessaires au Corps, pour ordonner, vérifier, approuver les marchés & les dépenses, & pour juger de la conduite de ceux qu'il aura chargé de quelque détail, aucun des Membres du Conseil ne pourra être personnellement chargé d'aucun achat.

7.

Le devoir de tous les Officiers d'un régiment, étant de concourir à l'avantage & au bien général du Corps, le Conseil chargera de l'exécution de ses ordres, les Officiers qui auront les talens nécessaires, & il en sera fait note sur le registre. Aucun Officier ne pourra se dispenser de donner ses soins à la partie de détail qui lui aura été confiée par le Conseil.

8.

Tout l'argent appartenant au Corps, les effets actifs, les décharges, tous les papiers & registres seront enfermés dans une caisse à trois serrures différentes, qui sera déposée chez le Commandant du Corps. Le Colonel ou Mestre-de-camp, ou celui qui commandera en son absence, aura une clef, le Trésorier la seconde, & le Capitaine, Membre du Conseil, la troisième.

9.

Toutes les fois que le Quartier-maître-trésorier recevra des fonds des Trésoriers principaux ou particuliers, commis par le Trésorier général de l'Extraordinaire des guerres, il devra être muni d'une autorisation du Conseil, dans laquelle la somme à recevoir sera énoncée. La somme reçue sera déposée dans la caisse en présence des Officiers chargés des clefs, avec un bordereau des espèces, signé du Trésorier qui aura remis les fonds, & l'enregistrement s'en fera au premier Conseil, par le Quartier-maître, sur un registre qui sera timbré, *Registre de Recette & Dépense*, & dans lequel toutes les recettes & dépenses quelconques seront portées.

10.

TOUTES les quittances finales seront signées par tous les Membres du Conseil d'administration, & ne seron valables que revêtues de cette forme.

11.

LE 1.er de chaque mois, il sera tiré de la caisse une somme à peu-près égale à celle qui aura été consommée pendant le mois précédent, pour le Prêt & les petites dépenses courantes. Cette somme sera remise entre les mains du Quartier-maître-trésorier, qui en sera comptable au Conseil d'administration.

12.

CHAQUE jour de Prêt, il sera dressé par chaque Capitaine-commandant, & en son absence, par celui qui commandera sa compagnie, un état du Prêt, qui sera signé de tous les Officiers présens.

13.

LE Capitaine-commandant, ou celui qui commandera la compagnie en son absence, chargera un Officier subalterne de recevoir chez le Quartier-maître-trésorier, le montant de l'état du Prêt, à l'heure qui aura été indiquée par le Commandant du corps; l'Officier qui aura reçu le Prêt en rendra compte au Capitaine, & prendra ses ordres pour en faire la distribution.

14.

14.

Le Capitaine retirera de l'ordinaire ce qui aura été payé pour les hommes entrés à l'hôpital, désertés ou morts, dans l'intervalle d'un Prêt à l'autre, & ce qu'il aura tiré sera porté en recette sur l'état du Prêt suivant.

15.

Le Quartier-maître-trésorier, tiendra un registre sur lequel il sera exactement note de toutes les mutations dont il lui sera rendu compte par l'Adjudant.

16.

A la fin de chaque mois, tous les états de Prêt seront rapportés au Conseil qui, après les avoir examinés & comparés avec le compte que doit rendre le Trésorier, & avec le registre des mutations, en ordonnera l'enregistrement sur le registre de recette & dépense; & lesdits états de Prêt seront ensuite brûlés en présence du Conseil.

17.

Le Conseil fera porter en dépense extraordinaire, la valeur du pain & de l'argent qu'on n'aura pu recouvrer de ceux des Soldats désertés d'un Prêt à l'autre, & le remplacement en sera fait à la caisse.

18.

Il fera exactement observer les dispositions de l'article 21 de l'Ordonnance de ce jour, concernant l'Infanterie françoise & étrangère, & tiendra la main à ce que le décompte de la retenue ordonnée pour entretien de linge & chaussure, soit fait régulièrement tous les quatre mois.

19.

Le Conseil chargera un Officier, de l'approvisionnement des effets de petite monture, & l'autorisera à faire des marchés avec les différens ouvriers & fournisseurs; mais ces marchés ne seront obligatoires que lorsqu'ils auront été approuvés par le Conseil, & visés par le Commissaire des guerres ayant la police du régiment.

20.

Les effets de petite monture ne seront délivrés par l'Officier chargé de ce détail, que sur l'ordre signé des Membres du Conseil. Les Capitaines ou Commandans des compagnies formeront l'état des besoins de leurs Soldats, ils le présenteront au Conseil pour le faire approuver ; & lorsque l'Officier rendra compte des effets confiés à ses soins, il produira les états sur lesquels il en aura fait la distribution, & ces états, après avoir été enregistrés en présence du Conseil, seront brûlés.

21.

Toutes les fois qu'il sera nécessaire de renouveler les effets d'approvisionnement de petite monture, l'Officier chargé de ce détail présentera au Conseil son registre d'achat & de distribution, pour qu'il soit vérifié & arrêté, & pour recevoir les ordres du Conseil, pour le remplacement des effets.

22.

Chaque Capitaine devant avoir un registre sur lequel il inscrira le nom, le surnom, le lieu de naissance, le signalement, l'époque & les conditions de l'engagement de chacun des hommes de sa compagnie ; il marquera sur le même registre les effets de petite monture qui auront été fournis à chacun d'eux ; & lorsqu'il s'absentera, il remettra ce registre à l'Officier qui devra commander la compagnie en son absence.

23.

Les Capitaines seront responsables de l'état des hommes de leurs compagnies ; en conséquence, lors du décompte qui doit leur être fait tous les quatre mois, ils ne délivreront ce qui pourra revenir à chacun d'eux, qu'après avoir examiné leur linge & chaussure, fait remplacer ce qui pourroit manquer, & s'être assuré que chaque homme a quinze livres en masse.

24.

La retenue pour le pain, & celle réglée pour linge & chaussure prélevées, Sa Majesté ordonne très-expressément que tout le restant de la solde des Soldats, Cavaliers & Dragons, Chasseurs & Hussards soit mis à l'ordinaire, & employé à leur nourriture; défendant à tous ses Officiers, sous peine d'être cassés, d'ordonner, permettre ou tolérer que quelque partie de la solde, quelque modique qu'elle puisse être, soit employée à d'autres objets.

TITRE II.

Armement, Habillement, Équipement & Entretien.

Article premier.

Sa Majesté fera fournir de ses arsenaux & magasins, les armes & tout ce qui est relatif à l'armement de ses Troupes d'Infanterie, Cavalerie, Dragons, Chevaux-légers, Chasseurs & Hussards. Il sera pourvu par les régimens, sur les fonds de la masse, à l'entretien des armes & effets dépendans de l'armement; & lorsqu'il sera jugé nécessaire de faire des remplacemens, ils seront ordonnés par Sa Majesté, sur les demandes que les Lieutenans généraux commandant les divisions, adresseront au Secrétaire d'État ayant le département de la guerre.

2.

Sa Majesté ayant jugé du bien de son service, de supprimer la régie qui avoit été établie pour pourvoir à l'habillement & à l'équipement de ses Troupes: Elle confie tous les détails relatifs à l'habillement & à l'équipement, aux soins économiques du Conseil d'administration établi dans chaque régiment.

3.

Toutes les dépenses de l'habillement & de l'équipement, feront prifes fur les maffes générales établies par les Ordonnances de conftitution.

4.

Le fonds de la maffe générale devant être fait tous les mois, & remis dans la caiffe de chaque régiment, avec la folde pour fervir à l'acquittement de toutes les dépenfes de quelque nature qu'elles puiffent être; le Quartier-maître-tréforier tiendra un regiftre fur lequel il fe chargera en recette de ce qu'il touchera chaque mois fur le fonds de la maffe, & portera en détail tous les articles de dépenfe : ce regiftre fera produit au Confeil d'adminiftration à chaque féance, & vifé par les Membres du Confeil, toutes les fois que d'une féance à l'autre il y aura lieu à de nouveaux enregiftremens.

5.

Sa Majesté ayant arrêté des modèles de toutes les parties d'habillement & d'équipement, tant pour l'Infanterie que pour les Troupes à cheval, Elle les fera adreffer inceffamment à chaque régiment, avec l'empreinte de fon cachet. Ces modèles feront foigneufement confervés pour fervir de pièces de comparaifon; veut Sa Majefté qu'on s'y conforme avec la plus fcrupuleufe exactitude, & Elle déclare que s'il étoit fait le plus léger changement dans quelque partie d'habillement ou d'équipement, foit dans la forme, dans l'ampleur ou dans la longueur, Elle en rendroit les Membres du Confeil d'adminiftration perfonnellement refponfables.

6.

Sa Majesté profcrit l'ufage d'habiller, par tiers dans les Troupes françoifes, & par moitié dans les Troupes étrangères, & Elle ordonne que les remplacemens fe faffent fuivant les befoins qu'auront les hommes d'être habillés; en conféquence, fon intention eft que les Maréchaux-de-camp qui feront employés aux divifions, examinent avec foin, lors de leurs revues, les habits, veftes, culottes, chapeaux, manteaux, &c. qui feront à remplacer, ou qui pourront être réparés,

réparés, ils en dresseront un état qu'ils remettront au Lieutenant général commandant la division en chef, qui seul pourra ordonner définitivement sur les remplacemens ou réparations, d'après les comptes qui lui auront été rendus par les Maréchaux-de-camp, & les vérifications qu'il fera par lui-même.

7.

Le Lieutenant général commandant la division, arrêtera, pour chaque régiment, un état des remplacemens & réparations qu'il jugera du bien du service du Roi d'ordonner; cet état sera transcrit sur le registre des délibérations du Conseil d'administration; le registre sera signé au bas de l'état des remplacemens & réparations, par le Lieutenant général, & cette formalité remplie, le Conseil donnera les ordres nécessaires pour les achats.

8.

Sa Majesté ordonne expressément à tous les régimens, de tirer leurs draps directement de Lodève, & de la première main des Ouvriers & Fabriquans.

9.

A l'exception des draps qui seront toujours tirés de Lodève, Sa Majesté autorise le Conseil d'administration de chaque régiment, de faire faire par-tout où il croira y trouver de l'économie & l'avantage du Corps, l'achat de toutes les autres fournitures qui seront nécessaires au régiment.

10.

Pour qu'il ne puisse exister aucune fraude ou erreur de la part des Fournisseurs, ceux avec lesquels il aura été contracté un marché, remettront à l'Officier qui aura été chargé de le conclure, des modèles ou échantillons des fournitures auxquelles ils se seront obligés; lesdits modèles ou échantillons, seront cachetés de la marque du Fournisseur & du cachet de l'Officier, & seront envoyés au régiment, pour servir de pièce de comparaison aux fournitures qui devront être livrées de même espèce & qualité.

11.

Les balles & caiſſes qui contiendront des draps ou autres étoffes, ſeront recouvertes d'un emballage, bien & ſolidement cordées, numérotées, timbrées du nom du régiment auquel elles ſeront deſtinées, de l'eſpèce des marchandiſes qu'elles contiendront & de leur poids; elles ſeront empreintes de la marque du Fourniſſeur, & la même marque ſera miſe ſur la lettre de voiture.

12.

Chaque Fourniſſeur ſera tenu d'envoyer au régiment, une facture détaillée de l'eſpèce & de la quantité de fournitures qui ſeront renfermées dans chaque balle, caiſſe ou tonneau qu'il expédiera.

13.

Le Commiſſaire général aux tranſports militaires, ſon prépoſé, ou tel voiturier qu'on jugera à propos d'employer, ſera tenu de donner ſa reconnoiſſance au Fourniſſeur, contenant la déſignation du numéro, de l'eſpèce de fournitures & du poids de chacun des ballots, balles, caiſſes ou tonneaux qui lui auront été remis à la deſtination de chaque Corps; & au moyen de cette reconnoiſſance, il ſera garant & reſponſable du tranſport deſdites marchandiſes; & il ſera tenu pour ſa décharge, de juſtifier de la remiſe qu'il en aura faite à la deſtination preſcrite, en rapportant la reconnoiſſance ſignée de l'Officier chargé par le Conſeil d'adminiſtration, d'en faire la réception au régiment.

14.

Ledit Commiſſaire aux tranſports ou le voiturier, ne pouvant être préſens ou aſſiſter aux emballages, & par conſéquent garantir ce qui devra y être renfermé, ſeront valablement déchargés, toutes les fois qu'ils auront fait rendre aux deſtinations preſcrites, les ballots, balles, caiſſes ou tonneaux, bien emballés & bien conditionnés, tels qu'ils auront dû les recevoir, ſous le même numéro, la même désignation de marchandises, & le même poids qui seront inscrits sur chaque balle; l'Officier chargé par le Conseil d'administration, de recevoir les marchandises, vérifiera sans délai lesdits numéros, poids & désignation, & signera pour décharge la lettre de voiture qui lui sera présentée par les charretiers-conducteurs.

15.

DANS le cas où quelques ballots, balles, caisses ou tonneaux paroîtroient mal conditionnés, où quelque emballage seroit délié, & où les marchandises auroient souffert pendant la route, l'Officier chargé de leur réception, sera tenu de faire constater le dommage en présence du voiturier, par le Commissaire des guerres, s'il y en a, ou en son absence, par le Juge, Maire ou Syndic du lieu de la garnison ou des quartiers occupés par le régiment; d'en faire mention au dos de la lettre de voiture, & d'en rendre compte au Conseil d'administration, qui en informera le Maréchal-de-camp de la division; le Maréchal-de-camp en rendra compte au Lieutenant général commandant en chef, qui prendra les ordres du Secrétaire d'État de la guerre, sur les dédommagemens que le régiment seroit dans le cas de prétendre.

16.

À l'arrivée des marchandises, le Conseil d'administration nommera deux de ses Membres pour, conjointement avec l'Officier particulièrement chargé du détail de l'habillement, examiner la qualité des étoffes ou autres fournitures, & les comparer avec les échantillons; si lesdites étoffes ou fournitures ne se trouvoient pas conformes aux échantillons, ou avoient quelques défectuosités, les Officiers présens à la vérification feront avertir le Commissaire des guerres ayant la police du régiment, pour en dresser procès-verbal, assisté de deux Experts. Le Commissaire des guerres remettra une expédition de son procès-verbal au voiturier-conducteur, une au Conseil d'administration, & il en adressera une au Secrétaire d'État ayant le département de la guerre, pour être par lui ordonné ce qu'il appartiendra.

17.

LES Officiers chargés de la réception & examen des marchandises, ne pourront retarder le retour des voituriers-conducteurs, que le temps qui conviendra pour la vérification ci-dessus prescrite, à peine de répondre de l'indemnité, dommages & intérêts du retard qu'ils auroient fait souffrir auxdits voituriers.

18.

SA MAJESTÉ étant informée que la plupart de ses régimens ont actuellement dans leurs magasins des draps, de la doublure & autres effets d'habillement, provenant de leur économie; son intention est, que les Commissaires des guerres, conjointement avec les Officiers qui seront nommés par le Conseil d'administration, fassent un inventaire desdits effets; que les effets inventoriés soient portés en recette sur le registre d'habillement de chaque régiment, & qu'il en soit fait note sur celui des délibérations du Conseil.

19.

SA MAJESTÉ donnera ses ordres pour que toutes les étoffes & autres effets d'habillement & d'équipement qui se trouvent actuellement dans les magasins de la régie, soient répartis par égales portions à tous les régimens, pour servir à vêtir & équiper les hommes dont ils doivent être successivement augmentés; & le prix desdites étoffes & effets sera retenu sur la masse des corps.

20.

L'INTENTION de Sa Majesté est que chaque régiment ait toujours dans son magasin les étoffes & effets nécessaires à l'habillement de deux cents hommes dans l'Infanterie, & de cent dans la Cavalerie, les Dragons & les Hussards.

21.

LE Conseil d'administration, dans chaque régiment, nommera un ou plusieurs Officiers pour être particulièrement chargés de tous les détails relatifs à l'habillement, & en

rendre

rendre compte au Conseil dans la forme qu'il jugera convenable de leur prescrire; laissant, Sa Majesté, audit Conseil d'administration la plus entière liberté d'ajouter aux précautions établies par la présente Ordonnance, toutes celles qu'elle n'aura pas prévues, & qui paroîtront propres à assurer l'exactitude & l'économie dans cette partie du service.

22.

LES Cadets-gentilshommes qui seront habillés à leur entrée au régiment, aux dépens de la fondation de l'École Militaire, le seront ensuite sur la masse du corps. Ils seront habillés du même drap que les Sergens, auront une épaulette d'argent sans frange, & un bord d'argent à leur chapeau.

23.

LES Cadets-gentilshommes seront entretenus comme les bas Officiers, en chemises, guêtres & souliers, & il sera fait sur leur solde une retenue de deux sous par jour, pour raison de cet entretien. Défend Sa Majesté aux Colonels, & à ceux qui commanderont en leur absence, de permettre que ceux desdits Cadets qui auront des secours de leurs familles, se séparent de la chambrée de leurs camarades moins aisés, & qu'ils prennent vis-à-vis d'eux aucune distinction.

24.

SA MAJESTÉ instruite que plusieurs de ses régimens, ont, par un zèle mal entendu, excédé les bornes raisonnables dans la tenue, & voulant établir des règles fixes à cet égard, Elle veut qu'un Soldat, Cavalier, Dragon, Chasseur & Hussard ne soit obligé à avoir que trois chemises, une sur lui, une dans son havre-sac, & une au blanchissage; deux paires de bas, un col, une paire de souliers de rechange, des peignes, des brosses & autres petits meubles nécessaires à la propreté, deux mouchoirs & un bonnet; que tout ce que le Soldat, Cavalier, Dragon, Chasseur & Hussard ne portera pas sur lui, soit renfermé dans un havre-sac ou portemanteau uniforme, & entièrement semblable pour la qualité, la grandeur & la construction, au modèle qui sera envoyé à chaque corps; défend Sa Majesté aux Officiers supérieurs & particuliers des corps, d'en exiger davantage.

25.

Les Soldats & Chasseurs à pied, auront de plus trois paires de guêtres, dont une d'étoffe noire pour l'hiver & les mauvais temps, & deux de toile blanche pour l'été & les jours de parade; Sa Majesté abolit l'usage des guêtres dans la Cavalerie, & veut que lorsque les Cavaliers, Dragons, Chasseurs à cheval & Hussards feront le service ou combattront à pied, ils soient en bottes & en éperons.

26.

Sa Majesté défend de polir les armes à l'avenir, & de vernir les gibernes & la buffleterie; voulant que les armes, les gibernes & la buffleterie soient seulement nettoyées avec le plus grand soin, mais sans aucun des apprêts qui nuisent à leur durée.

27.

Les cheveux des Soldats, Cavaliers, Dragons & Chasseurs seront peignés, mis dans une petite bourse en crapaud, conforme au modèle, & frisés sur les faces d'une boucle uniforme: ils ne mettront de la poudre que les Fêtes & Dimanches, & les jours où les corps devront paroître en grande parade.

TITRE III.

Des Recrues.

ARTICLE PREMIER.

Chacun des régimens d'Infanterie françoise & étrangère, de Cavalerie, de Dragons & Hussards, établira dans une des villes du royaume, le dépôt de ses Recrues, & pourvoira sur sa masse générale, à toutes les dépenses relatives au travail des recrues.

2.

PLUSIEURS régimens pouvant choisir la même ville pour l'établissement de leurs recrues, ce qui occasionneroit dans quelques-unes une surcharge de logement, les Conseils d'administration s'adresseront au Secrétaire d'État ayant le département de la guerre, en lui indiquant les villes dans lesquelles ils desireroient former de préférence le dépôt des recrues, & le Secrétaire d'État de la guerre prendra les ordres de Sa Majesté, qui déterminera le choix de celle de ces villes qui pourra être accordée.

3.

LORSQUE le dépôt des recrues d'un régiment, aura été établi dans une ville, il ne pourra être changé & transféré dans une autre, sans la permission du Secrétaire d'État ayant le département de la guerre.

4.

IL sera entretenu au dépôt pendant la paix, un Officier ayant les talens nécessaires pour diriger le travail des Recrues; cet Officier sera choisi dans chaque régiment dans le nombre de ceux destinés à commander les compagnies auxiliaires pendant la guerre; il aura sous ses ordres le Sergent-major, trois des cinq autres Sergens & huit Caporaux dans l'Infanterie; deux Maréchaux-des-logis & six Brigadiers dans la Cavalerie, les Dragons & les Hussards, qui seront également choisis dans ceux destinés aux compagnies Auxiliaires.

5.

L'OFFICIER recruteur sera responsable au Conseil d'administration de son régiment, de tout ce qui concernera le travail des recrues. Le Conseil ordonnera de ses dépenses, & lui prescrira les règles de sa comptabilité.

6.

DÈS que les villes où seront établies les dépôts des recrues, auront été déterminées pour chaque régiment, & que les

Colonels auront proposé à Sa Majesté l'Officier qu'ils destinent au travail des recrues, & nommé les Sergens, Caporaux, Maréchaux-des-logis & Brigadiers qui seront sous ses ordres, Sa Majesté fera expédier ceux qui seront nécessaires pour que les Officiers & bas Officiers recruteurs se rendent à leur destination.

7.

L'OFFICIER recruteur, à son arrivée dans la ville du dépôt, se rendra chez le Commandant de la place & chez le Commissaire des guerres, & à leur défaut chez le Subdélégué ou principal Magistrat, pour faire établir son logement & celui des Sergens, Caporaux, Maréchaux-des-logis & Brigadiers; il leur présentera le pouvoir qui lui aura été remis par le Conseil d'administration de son régiment, pour faire des recrues, & demandera au Commandant, s'il y en a, & à son défaut à l'Officier de police, la permission de faire battre la caisse.

8.

DANS les places de guerre où la garnison est casernée, & où il sera établi des dépôts de recrues, il sera affecté dans les casernes un nombre de chambres suffisant pour les bas Officiers recruteurs, & les hommes de recrue. Voulant Sa Majesté que lesdits recruteurs & hommes de recrue ne soient logés chez le bourgeois, que dans le cas où la totalité des Casernes seroit occupée par la garnison.

9.

LES Officiers, bas Officiers, Caporaux, Brigadiers, Soldats, Cavaliers, Dragons, Chasseurs & Hussards, qui seront autorisés à faire des recrues, ne pourront faire contracter aucun engagement qu'ils ne soient revêtus de leur uniforme. Ils seront tenus de déclarer à ceux qu'ils engageront, le nom du régiment, & l'espèce de troupe pour laquelle ils les engagent, & en feront mention dans les engagemens.

10.

LE temps des engagemens dans l'Infanterie françoise & étrangère,

étrangère, la Cavalerie, les Dragons & les Hussards, sera de huit ans. Veut Sa Majesté que les congés absolus soient exactement délivrés aux termes des engagemens même pendant la guerre.

Sa Majesté a fixé le prix des engagemens, ainsi qu'il suit.

SAVOIR:

Infanterie françoise.

Engagement pour huit ans....................	50^{l}	92^{l}
Pour boire..............................	30.	
Frais & Gratification au Recruteur.............	12.	

Infanterie Allemande ou Étrangère.

Engagement pour huit ans....................	63.	120.
Pour boire..............................	37.	
Frais & Gratification au Recruteur.............	20.	

Cavalerie.

Engagement pour huit ans....................	72.	132.
Pour boire..............................	40.	
Frais & Gratification au Recruteur.............	20.	

Dragons & Hussards.

Engagement pour huit ans....................	60.	111.
Pour boire..............................	36.	
Frais & Gratification au Recruteur.............	15.	

Il sera de plus payé deux sous par lieue de l'endroit où l'homme de recrue aura été engagé, jusqu'au dépôt.

II.

LES hommes de recrue pour les régimens François, recevront le *pour-boire* ci-dessus fixé, aussitôt qu'ils auront signé leur engagement, & que les vérifications nécessaires pour assurer la validité dudit engagement, auront été faites; mais le prix de l'engagement ne leur sera payé que moitié à leur arrivée au dépôt, & moitié lorsqu'ils auront été reçus & enregistrés au régiment.

12.

A l'égard des hommes de recrue pour les régimens Allemands ou Étrangers, ils recevront moitié du *pour-boire*, en ſignant leur engagement, & moitié à leur arrivée au dépôt, lorſque l'Officier chargé du travail des recrues, les aura reçus. Quant au prix de l'engagement, il ne leur ſera payé que par tiers; ſavoir, un tiers à l'arrivée au régiment & après l'enregiſtrement, un tiers où commencera la troiſième année de ſervice, & un tiers le premier jour de la cinquième année.

13.

Il ne ſera admis dans les recrues que des hommes ſains & robuſtes, bien conformés, & d'une volonté décidée pour le ſervice, de la taille de cinq pieds un pouce au moins dans l'Infanterie & les Chaſſeurs, & de cinq pieds trois pouces dans la Cavalerie & les Dragons, de l'âge de ſeize ans accomplis juſqu'à quarante; & pendant la guerre, de l'âge de dix-huit ans juſqu'à quarante-cinq. Ceux dans ce dernier âge ne pourront cependant être admis qu'autant qu'ils auront précédemment ſervi, & ſe trouveront encore en état de reprendre le ſervice.

14.

Les gens ſuſpects, flétris par la juſtice ou ſoupçonnés de crimes, ne ſeront point admis pour recrues.

15.

Enjoint Sa Majeſté aux Recruteurs, de demander à ceux qui ſe préſenteront pour s'engager, s'ils ne ſont point Déſerteurs ou congédiés des travaux de la chaîne, s'ils ne ſont point déjà engagés pour quelqu'autre régiment, s'ils ſont claſſés dans les Gardes-côtes, ou habitans des îles de Ré ou d'Oleron. Les Recruteurs feront arrêter ceux qu'ils reconnoîtront ou auront lieu de ſoupçonner dans un des cas ci-deſſus, l'Officier chargé du travail des recrues en rendra compte à l'Officier général, dans le commandement duquel il se trouvera, & l'Officier général en informera le Secrétaire d'État ayant le département de la guerre.

16.

DÉFEND Sa Majesté d'engager aucun homme ayant déjà servi, qu'il n'ait produit ou prouvé avoir obtenu un congé absolu, dûment expédié dans la forme prescrite.

17.

DÉFEND également Sa Majesté à tout Officier, d'engager ou de prendre à son service particulier, le Domestique d'un autre Officier dans la même garnison, ou pendant la guerre durant la campagne, si ce Domestique n'est porteur d'un congé en bonne forme de son Maître; d'engager un Déserteur à l'armée, sans la permission du Général; & un Soldat, Cavalier, Dragon ou Chasseur invalide, sans avoir obtenu celle du Secrétaire d'État de la guerre.

18.

DÉFEND aussi Sa Majesté toutes conventions portées dans les engagemens, tendantes à les annuller en restituant les sommes reçues dans un temps fixé, & toutes promesses d'une solde plus forte que celle qui se trouve établie par ses Ordonnances.

19.

LES engagemens seront rédigés dans la forme suivante:

JE soussigné (mettre le nom de baptême & celui de famille) *natif de province de juridiction de âgé de certifie m'être engagé volontairement & librement, sans aucune supercherie ni contrainte, pour servir en qualité de dans le régiment de pendant l'espace de années, à condition de recevoir pour prix du présent engagement, conformément à l'Ordonnance du Roi, la somme de* (en toutes lettres) *ainsi que celle de* (en toutes lettres) *pour boire. FAIT à le* (l'enrôlé signera, & l'engagement sera visé en sa présence par le Commissaire des guerres).

20.

LE Quartier-maître-tréforier de chaque régiment, [illegible] paffer à l'Officier commandant le dépôt des recrues, les fommes que le Confeil d'adminiftration jugera néceffaires à la dépenfe du travail des recrues.

Défend Sa Majefté aux Commiffaires des guerres, & aux Subdélégués, à qui les Officiers ou bas Officiers recruteurs pourroient s'adreffer pour avoir de l'argent, fous prétexte de l'employer au travail des recrues, de leur en donner ou faire donner, qu'il ne leur foit remis une lettre fignée des Membres du Confeil d'adminiftration du régiment, par laquelle ils en feront requis, & dans laquelle le montant de l'avance demandée fera fixé.

21.

LE Confeil d'adminiftration de chaque régiment, prendra les mefures convenables pour faire remettre à fon dépôt les étoffes néceffaires pour fournir des veftes & des culottes uniformes aux hommes de recrue. Il ne fera donné des habits auxdits hommes de recrue qu'à leur arrivée au régiment.

22.

IL fera payé, de la maffe générale du corps, pour les appointemens de l'Officier commandant le dépôt des recrues, cent foixante-fix livres treize fous quatre deniers par mois, & quatre cents livres par an pour fes ports de lettres & frais du bureau.

Quarante-cinq livres par mois à chacun des Sergens & Maréchaux-des-logis.

Et vingt-deux livres dix fous par mois à chacun des Caporaux & Brigadiers recruteurs, indépendamment des gratifications attachées au fuccès de leur travail; & ils feront tenus, fur ce traitement, de s'entretenir de linge & chauffure.

23.

LESDITS Officiers, bas Officiers, Caporaux & Brigadiers, feront fufceptibles des mêmes grâces & du même avancement

que

que ceux qui serviront aux drapeaux. Ils recevront & exécuteront les ordres du Conseil d'administration, qui pourra les rappeler & les changer, s'ils se négligeoient dans les détails importans dont ils seront chargés.

24.

L'INTENTION de Sa Majesté est, que le Recruteur avec qui l'engagement se consomme, soit en droit de garder l'homme de recrue, quoique cet homme soit entré en pourparler avec d'autres.

25.

S'IL s'élevoit des contestations pour raisons des engagemens, soit entre les Recruteurs & les hommes engagés, soit entre les Recruteurs de différens régimens, les uns & les autres seront tenus de se présenter à l'Officier général en activité, le plus à portée, & à son défaut, au Commissaire des guerres qui y pourvoira.

26.

LES Officiers, bas Officiers ou Recruteurs, ne pourront rendre aux hommes de recrue les engagemens qu'ils auront contractés, sous quelque prétexte que ce puisse être, sans y être autorisés par écrit par le Conseil d'administration, qui lui-même, sera tenu d'exposer ses motifs à l'Officier général aux ordres duquel sera le régiment, pour en obtenir la permission. Voulant Sa Majesté, que si quelqu'Officier, bas Officier ou Recruteur contrevenoit à ses intentions à cet égard, il en soit rendu compte sur le champ au Maréchal-de-camp de la division, qui prendra les ordres du Lieutenant général, pour faire assembler un Conseil de guerre, qui jugera le Recruteur & l'homme de recrue, suivant l'exigence du cas.

27.

AVANT que de recevoir les hommes qui lui seront présentés, l'Officier commandant le dépôt des recrues, les fera visiter pour s'assurer qu'ils n'ont aucune infirmité apparente ou secrette. Il examinera s'ils ont la taille & l'âge requis, s'ils sont bien conformés, enfin, s'ils paroissent avoir les qualités convenables ; s'ils déclaroient avoir servi dans d'autres régimens, il se fera représenter leur congé absolu.

28.

Les frais faits par les Recruteurs pour engager des hommes, qui, présentés à l'Officier commandant le dépôt, ne pourroient être admis, pour raison d'infirmités, défaut de taille, ou des qualités requises pour le service, resteront à leur charge.

29.

L'Officier commandant le dépôt, tiendra un registre journal, sur lequel il signalera tous les hommes de recrue qu'il recevra. Il fera présenter lesdits hommes de recrue au Commissaire des guerres, qui visera leur engagement, & qui tiendra de son côté un registre sur lequel il inscrira tous les hommes de recrue dont il aura visé les engagemens.

30.

Dans les villes où il n'y aura point de Commissaire des guerres, il sera suppléé par le principal Magistrat ou Officier municipal. Sa Majesté déclare nuls tous les engagemens qui ne seront point visés par le Commissaire des guerres ayant la police du dépôt, ou à son défaut, par le principal Magistrat.

31.

Le registre que doit tenir l'Officier commandant le dépôt des recrues, contiendra, indépendamment des noms & signalemens des hommes engagés, la date de leurs engagemens, celle du jour de leur arrivée au dépôt, la dépense de leur route pour s'y rendre, ce qui leur a été payé, & ce qui leur aura été fourni au dépôt en linge & chaussure, & l'Officier adressera tous les quinze jours au Conseil d'administration, un extrait de son registre visé du Commissaire des guerres.

32.

Les hommes de recrue seront mis à la solde, du jour qu'ils auront été reçus au dépôt, & feront nombre dans les compagnies auxquelles il manquera des hommes. Ordonne

Sa Majesté aux Commissaires des guerres qui auront la police des dépôts de recrue, de faire du 10 au 15 de chaque mois, la revue desdits hommes de recrue, & d'en adresser exactement un extrait au Commissaire des guerres ayant la police du régiment, pour que celui-ci les emploie, sur les revues qu'il sera, pour servir au payement de la subsistance.

33.

LES hommes de recrue, feront ordinaire, & seront assujettis, sous les ordres de l'Officier commandant le dépôt, à la même discipline que s'ils étoient au régiment.

34.

CEUX qui déserteront du dépôt, seront dénoncés sur le champ au Commissaire des guerres qui en fera mention sur son registre, & en remettra son certificat à l'Officier commandant le dépôt, qui en rendra compte au Conseil d'administration. Il en sera usé de même pour ceux qui mourront au dépôt, dont les extraits mortuaires seront visés par le Commissaire des guerres.

35.

LORSQUE les hommes de recrue seront rassemblés au dépôt, au nombre de vingt à trente hommes, l'Officier chargé du travail des recrues, les fera partir pour joindre le régiment. Il leur sera expédié des routes, portant que le simple logement leur sera fourni. Lesdits hommes recevront, par jour de route, douze sous d'augmentation de solde, qui sera prise sur le fonds de la masse générale, & l'Officier détachera le nombre de bas Officiers, Caporaux ou Brigadiers qu'il jugera nécessaire pour les conduire au quartier du régiment.

36.

LE Sergent, Maréchal-des-logis, Caporal ou Brigadier, chargé de la conduite des recrues, sera porteur de l'état de leur signalement & du compte de leur dépense, certifié de l'Officier commandant le dépôt, & visé du Commissaire des guerres; & lorſque le Commandant du corps aura jugé les hommes de recrue recevables, ils ſeront inſcrits ſur le contrôle du régiment, & il ſera fait note ſur un regiſtre particulier de ceux qui ſeront reſtés aux hôpitaux de la route, qui auront déſerté en marche, ou qui ſeront réformés par le Commandant du corps.

37.

LES hommes de recrue ayant été jugés recevables par le Commandant du corps, ils ſeront répartis dans les compagnies; & le Commandant du corps, immédiatement après la répartition faite, les fera conduire par un Officier, au Commiſſaire des guerres ayant la police du régiment, pour être inſcrits ſur ſon regiſtre.

38.

LES frais qu'auront coûté les hommes défectueux, & qui, à leur arrivée au régiment, pourroient pour cauſe légitime, être réformés par le Commandant du corps, ſeront retenus ſur les appointemens de l'Officier chargé du travail des recrues, qui doit n'admettre au dépôt, & envoyer au régiment que des hommes recevables.

39.

DÉFEND Sa Majeſté aux Colonels & autres Commandans des corps, de réformer aucun homme ayant l'âge, la taille & les qualités preſcrites par la préſente Ordonnance; & s'il étoit contrevenu à ſes intentions à cet égard, Elle enjoint au Commiſſaire des guerres d'en informer le Secrétaire d'État ayant le département de la guerre, qui lui en rendra compte.

40.

LES règles preſcrites ci-deſſus pour le travail des recrues, ne diſpenſant point les Capitaines & autres Officiers de faire des recrues par eux-mêmes; l'intention de Sa Majeſté eſt, que les hommes qu'ils préſenteront, & qui ſeront jugés recevables par le Commandant du corps, leur ſoient payés

ſur

fur l'ordre du Confeil d'adminiftration, des fonds de la maffe générale, fur le pied réglé par la préfente Ordonnance.

41.

VEUT auffi Sa Majefté, que fi le travail du dépôt & celui que les Officiers auront fait en particulier, n'avoit pas produit le nombre d'hommes néceffaire au complet du régiment; il foit détaché, d'après la délibération du Confeil, & fur la permiffion du Lieutenant général commandant la divifion, quelques bas Officiers, Soldats, Cavaliers ou Dragons intelligens pour faire des recrues; & le Confeil règlera le traitement qu'il fera convenable de leur accorder, qui fera payé fur le fonds de la maffe du corps.

42.

LESDITS bas Officiers, Soldats, Cavaliers, Dragons, Chaffeurs & Huffards chargés extraordinairement de faire des recrues, feront munis d'une permiffion par écrit du Confeil d'Adminiftration de leur régiment, dans laquelle il fera fait mention, autant qu'il fe pourra, du lieu où ils devront s'employer au travail des recrues; & lefdits recruteurs fe conformeront à ce qui eft prefcrit dans le préfent Titre.

43.

LES Capitaines des régimens françois, pourront réclamer tous les Soldats nés fur des terres de la domination de Sa Majefté, qu'ils découvriront dans les régimens Suiffes, Allemands ou Étrangers; & réciproquement les Capitaines des régimens Suiffes pourront réclamer les Suiffes & Grifons; & les Capitaines Allemands & Étrangers, les Soldats de leur nation qu'ils découvriront dans les régimens François, & qui ne feront point nés fujets du Roi. Il fera payé pour chaque homme, la fomme de cinquante livres; Sa Majefté excepte cependant de cette loi ceux qui feroient parvenus aux grades de bas Officiers, qui ne pourront être retirés que de leur gré du régiment dans lequel ils ferviront.

44.

SA MAJESTÉ ayant permis aux régimens Allemands &

Etrangers, d'avoir un quart de leurs Soldats Alſaciens, ou Lorrains Allemands, nés au-delà de la Sarre; & aux régimens Irlandois d'engager dans le canton qui commence au-deſſous du fort Saint-François près d'Aire, & s'étend près de la rive gauche de la Lys juſqu'à Armentières, & y compris les iles flottantes, ſans pouvoir paſſer la rivière d'Aa, ni le canal qui va de Saint-Omer à Aire : Son intention eſt, que les Officiers françois ne puiſſent tirer deſdits régimens les Soldats nés dans ces provinces & cantons, à moins qu'ils ne prouvent que ces Soldats excèdent le tiers du régiment, non compris les bas Officiers.

TITRE IV.

Suppreſſion des Hautes-payes accordées par l'Ordonnance du 16 Avril 1771, & Rengagemens.

ARTICLE PREMIER.

SA MAJESTÉ s'étant fait rendre compte des diſpoſitions de l'Ordonnance du 16 avril 1771, concernant les Hautes-payes; & jugeant du bien de ſon ſervice d'abroger une loi qui, ſans remplir ſes vues, a opéré une charge conſidérable pour ſes finances, ayant d'ailleurs accordé une augmentation de ſolde à ſes Troupes, Elle veut, qu'à compter du 1.er Mai prochain, toutes les Hautes-payes qui ont été accordées aux Vétérans, & à ceux qui ont contracté pluſieurs engagemens ſucceſſifs, ſoient & demeurent ſupprimées, ſans qu'il ſoit cependant rien changé aux marques de décoration attachées à la gradation de leurs ſervices.

2.

SON intention eſt en même-temps qu'il ſoit établi des prix de rengagemens plus conſidérables que ceux qui étoient fixés par ladite Ordonnance du 16 avril 1771 : Et pour dédommager de la ſuppreſſion des Hautes-payes ordonnée par l'article précédent, ceux de ſes Soldats, Cavaliers, Dragons

& Hussards, qui dans la confiance qu'ils jouiroient de ces Hautes-payes, ont renouvelé un engagement après huit, seize, & vingt-quatre années de service; ordonne Sa Majesté, que le prix du rengagement leur soit payé au jour déterminé pour la suppression des Hautes-payes, conformément aux prix fixés ci-après pour les rengagemens, dans la proportion du nombre d'années qu'ils doivent encore servir, & en décomptant ce qu'ils ont reçu en se rengageant; c'est-à-dire, que l'homme qui auroit dû recevoir cent livres de rengagement pour huit ans, & qui n'en a reçu que trente, doit toucher trente-cinq livres s'il doit servir encore quatre ans; que celui qui auroit dû recevoir cent dix livres, & qui n'en a également reçu que trente, doit toucher soixante livres, s'il doit servir encore six ans, ainsi du reste.

3.

TOUT bas Officier, Soldat, Cavalier, Dragon, Chasseur & Hussard qui, après avoir servi huit ans, desirera de continuer son service dans le même régiment, recevra pour prix de rengagement:

SAVOIR:

Dans l'Infanterie françoise	100l
Dans l'Infanterie allemande ou étrangère	125.
Dans la Cavalerie	120.
Dans les Dragons & les Hussards	110.

Après seize ans de services, il recevra pour prix d'un second rengagement :

Dans l'Infanterie françoise	120l
Dans l'Infanterie allemande ou étrangère	150.
Dans la Cavalerie	140.
Dans les Dragons & les Hussards	130.

Et après vingt-quatre ans de services dans le même régiment, ceux qui auront acquis la Vétérance, qui auront la volonté, & qui seront jugés en état de contracter un troisième rengagement, recevront :

Dans l'Infanterie françoise	150l

Dans l'Infanterie allemande ou étrangère............... 187l 10s

Dans la Cavalerie....................................... 170.

Dans les Dragons & les Huſſards.................... 160.

Les prix des rengagemens pour huit ans, ſeront payés moitié comptant, & l'autre moitié le jour que commencera la cinquième année.

4.

APRÈS les huit ans révolus du troiſième rengagement, ceux qui ſeront en état de continuer leurs ſervices, ne s'engageront plus que pour un an, & renouvelleront leur engagement d'année en année. Il leur ſera payé en commençant chaque année :

Dans l'Infanterie françoiſe.................................. 20l

Dans l'Infanterie allemande ou étrangère............... 25.

Dans la Cavalerie... 24.

Dans les Dragons & les Huſſards.......................... 22.

5.

PERMET Sa Majeſté à tous les Officiers de ſes Troupes, Françoiſes & Étrangères, de rengager les bas Officiers, Soldats, Cavaliers, Dragons, Chaſſeurs & Huſſards, dès le commencement de la dernière année de l'engagement courant.

6.

SA MAJESTÉ voulant bien conſerver aux anciens Soldats, Cavaliers, Dragons, Chaſſeurs & Huſſards les diſtinctions, qui ſont la marque, & une des récompenſes de l'ancienneté de leurs ſervices; ſon intention eſt que ceux qui, après avoir ſervi dans un régiment, ſe rengageront dans un autre, ne puiſſent jouir de ces diſtinctions que dans le cas où il n'y aura pas plus d'un an d'interruption dans leurs ſervices; & qu'en général tout homme qui dans le même régiment, ou d'un régiment à l'autre, laiſſera un intervalle de plus d'un an entre un congé abſolu & un rengagement, ſoit cenſé avoir renoncé aux décorations & récompenſes Militaires, & ne puiſſe les obtenir qu'en faiſant ſix ans de ſervice de plus que ceux qui auront ſervi ſans cette interruption.

7. PERMET

7.

PERMET Sa Majesté aux Commandans des corps, d'accorder chaque année, indépendamment des congés de droit, six congés de grâce par compagnie à ceux des Soldats, Cavaliers, Dragons, Chasseurs & Hussards, qui auront des raisons valables pour les demander, mais après en avoir obtenu la permission du Maréchal-de-camp de la division, qui sera lui-même tenu de soumettre à la décision du Lieutenant général les motifs qui pourront déterminer à accorder ces congés.

8.

LE prix qui sera payé pour les congés de grâce, sera versé dans la masse générale, le Quartier-maître s'en chargera en recette; & aucun congé ne pourra être expédié que le prix du congé n'ait été déposé.

Tout homme qui obtiendra un congé de grâce, le payera dans la proportion du nombre d'années qui resteront à courir de son engagement. S'il a encore sept ans & plus à servir, il payera Trois cents livres; six ans & plus, Deux cents cinquante livres; cinq ans & plus, Deux cents livres; quatre ans & plus, Cent soixante livres; trois ans & plus, Cent vingt livres; deux ans & plus, Quatre-vingt-dix livres; enfin, Cinquante livres seulement, s'il n'a plus qu'une année à servir.

9.

SA MAJESTÉ ordonne que le prix qui aura été payé pour chaque congé, soit exprimé sur la cartouche, ainsi que le temps que celui qui aura obtenu le congé avoit encore à servir, & qu'il en soit fait mention sur le registre du régiment.

TITRE V.

Des Remontes.

ARTICLE PREMIER.

LES Lieutenans généraux attachés aux divisions, arrêteront chaque année un état du nombre de chevaux dont ils jugeront

h

le remplacement néceſſaire dans chacun des régimens de Cavalerie, Dragons & Huſſards qui ſeront ſous leurs ordres; & les Conſeils d'adminiſtration nommeront un ou deux Officiers capables, auxquels ils commettront le ſoin de l'achat des chevaux de remonte.

2.

SA MAJESTÉ a cru ne devoir fixer aucun prix pour les chevaux de remonte; Elle veut bien s'en rapporter à cet égard à la ſageſſe des Conſeils d'adminiſtration; ſon intention eſt que les achats de chevaux de remonte ſoient faits avec la plus grande attention, les plus ſages précautions & la plus grande économie; & c'eſt d'après ces principes qu'Elle entend que les Conſeils d'adminiſtration dirigeront les opérations des Officiers chargés d'acheter les chevaux de remonte.

3.

VEUT Sa Majeſté que les Officiers chargés de l'achat des chevaux de remonte, ſoient aſſujettis à rendre les comptes les plus exacts & les plus détaillés de leur geſtion, au Conſeil d'adminiſtration de leur régiment: Et dans le cas où ces Officiers ſe ſeroient rendus coupables de négligence, en achetant des chevaux que le Conſeil d'adminiſtration ne jugeroit pas recevables à leur arrivée au régiment; ordonne Sa Majeſté que leſdits chevaux non-recevables, ſoient ſur le champ vendus pour le compte deſdits Officiers, & que l'objet de la différence en moins, qui pourra ſe trouver du produit de la vente au prix de l'achat, ſoit retenu ſur leurs appointemens, au profit de la maſſe générale.

4.

VEUT également Sa Majeſté que ſi, lors de la revue des Officiers généraux, il ſe trouvoit dans les chevaux de remonte, des chevaux défectueux, & que leſdits Officiers généraux jugeroient dans le cas d'être réformés, il en ſoit uſé avec la même rigueur à l'égard des Membres du Conſeil qui les auroient reçus faute d'examen, ou par complaiſance; que lesdits chevaux soient vendus, & que la moins value qui pourra se trouver entre le produit de la vente & le prix d'achat soit retenue par égale portion sur les appointemens des Officiers ayant voix délibérative au Conseil, & versé dans la masse.

5.

Sa Majesté autorise les Officiers généraux attachés aux divisions, d'ajouter aux précautions qui sont ou seront établies sur cette partie importante de l'administration de sa Cavalerie, toutes celles qu'ils jugeront les plus utiles, les plus avantageuses à son service, & les plus conformes à ses vues économiques, en informant le Secrétaire d'État ayant le département de la guerre, de ce qu'ils croiront devoir prescrire à cet égard.

TITRE VI.

De la police intérieure des Corps.

Article premier.

Sa Majesté prescrit pour premier & principal devoir à ses Officiers généraux, & aux Commandans des corps, de faire respecter la religion par tous ceux qui leur seront subordonnés : Elle déclare que son intention est de ne souffrir dans ses Troupes aucun Officier affichant l'incrédulité, ou qui auroit des mœurs publiquement dépravées; un homme scandaleux n'étant pas digne de commander d'autres hommes, quelque valeureux qu'il puisse être; & Sa Majesté n'admettant de valeur vraiment recommandable que celle de l'homme instruit & vertueux.

2.

Convaincue que le luxe est un principe de corruption, Sa Majesté enjoint aux Officiers généraux employés près de ses Troupes, & aux Commandans des corps, de ne point permettre que ceux qui leur seront subordonnés, excèdent en dépenses le montant de leurs appointemens, ni que ceux qui ſont riches de leur propre fonds, humilient leurs camarades par des dépenſes qui ne conviendroient pas à leur grade. Elle ſe promet de l'attachement que les Commandans des corps ont à ſon ſervice, qu'ils ne négligeront rien pour convaincre les jeunes Officiers, que la ſobriété eſt une des vertus de leur état, & qu'un Militaire doit s'endurcir au travail, à la peine, & s'accoutumer aux privations.

3.

SA MAJESTÉ défend dans ſes Troupes, tous jeux de haſard, & ceux de commerce qui excéderoient les bornes convenables.

4.

VEUT Sa Majeſté que tout Officier ou Cadet-gentilhomme, joueur de profeſſion, querelleur, crapuleux, ou faiſant des dettes ſans les payer, ſoit mis aux arrêts ou en priſon par les ordres du Commandant du corps; & que s'il retombe dans les mêmes fautes, après deux punitions de ce genre, il ſoit jugé pour la troiſième fois par un Conſeil de guerre, renvoyé de ſon Corps comme déſobéiſſant aux ordres de Sa Majeſté, & déclaré incapable de la ſervir.

5.

L'EXEMPLE étant de toutes les inſtructions la plus douce & la plus perſuaſive, l'intention de Sa Majeſté eſt que les Officiers généraux, & les Commandans des corps, ſe reſtreignent, relativement à leur dépenſe, dans des bornes convenables. Elle veut que leurs tables ſoient ſervies militairement, c'eſt-à-dire, ſans oſtentation, ſans profuſion, & qu'ils ſe refuſent au luxe des nouveautés; que le Lieutenant général, commandant en chef dans une province, ne puiſſe jamais avoir que vingt couverts, & que celui qui ne commandera qu'une diviſion, n'en ait que quinze; que le Maréchal-de-camp ſe réduiſe à douze couverts, & que le Colonel n'en ait que huit: Déclare Sa Majeſté qu'Elle ceſſera d'employer pour ſon ſervice les Officiers généraux, & qu'Elle interdira les Chefs des corps qui s'écarteront de cette loi.

6. SA

6.

SA MAJESTÉ défend, ſous les mêmes peines, aux Officiers généraux, aux Colonels, aux Officiers ſupérieurs & particuliers des corps, tout ſouper d'appareil, toute fête & toute dépenſe extraordinaire, ſans que la préſence des femmes des Officiers généraux, des Colonels ou autres Officiers ſupérieurs, puiſſe ſervir de prétexte à l'exception; défend auſſi Sa Majeſté les repas que les Corps ont été juſqu'à préſent dans l'uſage de ſe donner réciproquement: Elle permet ſeulement, lorſqu'un régiment ſera en marche, que les Officiers des régimens en garniſon dans les places où il paſſera, invitent à dîner chacun un Officier de ſon grade.

7.

VEUT bien Sa Majeſté permettre au ſeul Officier général, commandant dans une province, de s'écarter de la règle preſcrite, mais dans le cas ſeulement du paſſage d'un Prince ſouverain, ou autre Étranger de la plus haute conſidération, à qui Elle auroit ordonné de rendre des honneurs.

8.

LES Chefs des corps, les Officiers particuliers, les bas Officiers, Soldats, Cavaliers, Dragons, Chaſſeurs & Huſſards, ſeront tenus de porter toujours l'habit, la veſte, la culotte, le chapeau, le col & les manchettes uniformes: Sa Majeſté défend les ſurtouts, & veut bien permettre ſeulement aux Officiers de porter en été des veſtes & des culottes de toile blanche, & des chapeaux unis.

9.

LES Capitaines veilleront avec un ſoin aſſidu, aux mœurs & à la conduite des bas Officiers & Soldats de leur compagnie; ils s'attacheront à les faire vivre enſemble en bonne union & harmonie; ils chercheront à connoître l'eſprit qui règne parmi eux, & les propos qu'ils tiennent, afin de réprimer tout ce qui pourroit être ſéditieux & dangereux; ils établiront des ordinaires réglés, & tiendront la main à ce que tout l'argent du Prêt soit bien & économiquement employé pour la nourriture ; ils s'occuperont de la conservation de la santé des hommes de leur compagnie, feront visiter & soigner par le Chirurgien-major, ceux qui paroîtroient avoir des dispositions à devenir malades, & en cas de nécessité, donneront leurs ordres pour les faire mettre à temps à l'hôpital ; ils étendront enfin leurs attentions sur tout ce qui peut intéresser le bien-être du Soldat, dont ils doivent s'occuper essentiellement : Enjoint Sa Majesté aux Capitaines de visiter souvent leur compagnie, & de vérifier soigneusement les comptes que leur rendront les Capitaines en second & autres Officiers subalternes, sur tous les détails dont ils seront chargés, relatifs au bon ordre & à la police de la troupe.

10.

VEUT Sa Majesté qu'il y ait toujours dans chaque compagnie, un Officier subalterne de semaine ; cet Officier assistera à tous les appels, dont il ira rendre compte au Capitaine en second s'il est présent, & directement au Capitaine de la compagnie si le Capitaine en second est de service ou absent ; il visitera les chambres des Soldats, Cavaliers, Dragons, Chasseurs ou Hussards de la compagnie ; veillera à ce que la plus grande propreté règne dans la portion du quartier qu'elle occupera, & que les escaliers soient bien balayés ; que l'habillement du Soldat soit réparé, la buffleterie nettoyée, mais sans apprêts, les armes déchargées, & sur-tout très-propres en dedans ; il fera ouvrir pendant une heure les fenêtres de toutes les chambres pour renouveler l'air ; il examinera les provisions que les chefs-d'ordinaire auront achetées pour la nourriture, se fera rendre compte des prix, & assistera quelquefois aux repas de la chambrée, pour s'assurer que tout se passe regulièrement & en ordre ; il se fera présenter les hommes qui doivent être de service, & portera son attention sur tous les détails qui intéresseront la compagnie.

11.

DANS les régimens de Cavalerie, Dragons & Hussards,

les Officiers de ſemaine ajouteront à tous les ſoins qui leur ſont preſcrits par l'article précédent, tous ceux qu'exigent les chevaux, & veilleront principalement à ce qu'ils ſoient bien panſés, & à ce que la ration de fourrage qui eſt réglée, leur ſoit exactement donnée.

12.

L'INTENTION de Sa Majeſté eſt que le Capitaine en ſecond, quand il ſera préſent, aille une fois chaque jour à ſa compagnie, pour vérifier par lui-même les comptes qui lui auront été rendus par l'Officier ſubalterne de ſemaine, qu'il punira s'il remarque la moindre négligence de ſa part, ſous peine d'en répondre perſonnellement.

13.

INDÉPENDAMMENT de ce ſervice ainſi réglé, le Capitaine ou autre Commandant de la compagnie, pourra employer, quand il le jugera néceſſaire, les autres Officiers de la compagnie pour tout ce qui intéreſſera le bon ordre, la diſcipline & le ſervice de la troupe.

14.

LE Capitaine rendra compte, chaque jour au Major, de tous les objets de détail; le Major au Lieutenant-colonel, & ainſi de ſuite. Les Officiers ſupérieurs s'aſſureront, par des viſites fréquentes des compagnies, de l'exactitude des comptes qui leur auront été rendus.

15.

L'INTENTION de Sa Majeſté étant que les Soldats ſoient maintenus dans une activité qui puiſſe contribuer à les fortifier, & à les entretenir ſains & robuſtes, Elle veut, lorſque le mauvais temps ne s'y oppoſera pas, que les jours qui ne ſeront pas deſtinés à des exercices, ſoient employés à des promenades militaires, quelquefois avec armes & bagages, quelquefois ſans armes. Tous les Officiers des compagnies, dans l'Infanterie, marcheront à pied comme le Soldat; &

ces promenades feront plus ou moins étendues, fuivant les ordres du Commandant du corps, qui quelquefois prefcrira le temps pendant la durée duquel une diftance quelconque devra être parcourue. Cet exercice falutaire fera fait par compagnie, par bataillon, & de temps en temps, par tout le régiment enfemble. Veut Sa Majefté qu'il fe trouve alternativement à ces promenades un des Officiers fupérieurs du corps, & que le plus grand ordre y foit obfervé.

16.

LE premier Dimanche de chaque mois, le Commandant du corps fera la vifite du linge, de la chauffure, de l'armement, de l'habillement & de l'équipement. Il punira les Capitaines des compagnies dans lefquelles il reconnoîtra des négligences; & fera lire alternativement à chaque compagnie l'Ordonnance fur les crimes & délits militaires, & celles rendues contre les Déferteurs.

17.

TOUS les autres Dimanches de l'année, les Officiers fe rendront chez le Capitaine de leur compagnie, qui les conduira chez le Major, à qui les Capitaines rendront compte de tout ce qui concernera leur compagnie; & d'où ils fe rendront enfemble chez le Lieutenant-colonel, enfuite chez le Colonel en fecond, qui fe mettra à leur tête pour les conduire chez le Colonel: Et lorfque le Colonel fera abfent, veut Sa Majefté que les Officiers rempliffent le même devoir vis-à-vis du Colonel en fecond, ou de tout autre Officier qui commandera le corps.

18.

LES appels fe feront deux fois par jour, aux heures que prefcrira le Colonel ou autre Commandant du corps: l'Officier de femaine rendra compte des appels au Capitaine en fecond, & le Capitaine en fecond au Capitaine; les Capitaines en rendront compte par écrit au Major, une fois par jour feulement; le Major au Lieutenant-colonel, le Lieutenant-

Lieutenant-colonel au Colonel en second, & le Colonel en second au Colonel.

19.

Si un Officier trouve un bas Officier, Soldat, Cavalier, Dragon, Chasseur ou Hussard de son régiment, ou de tout autre, commettant dans la rue quelque désordre ou quelque indécence, il le sera arrêter, ou le conduira lui-même au corps-de-garde le plus voisin, où il le consignera. Veut Sa Majesté que tout Officier qui, par complaisance ou indifférence, se négligera sur ce devoir essentiel, soit puni de quinze jours d'arrêt ou de prison.

20.

L'intention de Sa Majesté est que les fautes légères qui jusqu'à présent ont *été* punies par la prison, le soient dorénavant par des coups de plat de sabre. Si ce dernier châtiment, le plus efficace par la promptitude, & d'autant plus militaire, que les Nations les plus célèbres, & chez lesquelles l'honneur étoit le plus en recommandation, en employoient rarement d'autres, est redouté du soldat François, il sera un moyen d'autant plus sûr à employer pour le succès de la discipline : les fautes plus graves seront punies par le piquet devant le corps-de-garde, ou en faisant porter au coupable pendant un temps limité, devant le même corps-de-garde, un nombre plus ou moins considérable de fusils : Veut Sa Majesté que la prison ne soit ordonnée que pour les fautes très-graves, & qui ne paroîtroient pas suffisamment punies par les châtimens qui viennent d'être indiqués, ou qui seroient de nature à mettre le coupable au Conseil de guerre.

21.

Sa Majesté, en ordonnant de punir par des coups de plat de sabre, les fautes qui ne mériteront pas un châtiment plus sévère, veut qu'il ne soit fait aucun abus de ce genre de punition ; & Elle ordonne en conséquence qu'un Officier subalterne, à moins qu'il ne commande la compagnie, ne pourra jamais faire donner des coups de plat de sabre sans en avoir reçu l'ordre du Capitaine; que le Capitaine, ou autre Officier commandant la compagnie, ne pourra en ordonner plus de vingt-cinq coups, & le Commandant du corps plus de cinquante; cette punition sera infligée par un des bas Officiers de la compagnie dont sera le coupable.

22.

LE Grenadier, Soldat, Cavalier, Chevau-léger, Dragon, Chasseur ou Hussard, qui aura été condamné par le Commandant du corps à recevoir des coups de plat de sabre, subira cette punition à la tête de la parade particulière du régiment; & ceux qui seront dans le cas d'être punis de coups de plat de sabre pour quelque faute contre l'ordre & la police établie dans la compagnie, les recevront à l'appel du matin, par l'ordre de celui qui la commandera.

23.

LORSQU'UN Soldat, Cavalier, Dragon, Chasseur ou Hussard, sera tombé dans quelque faute grave, il sera mis dans la salle de discipline; & celui qui l'aura fait arrêter, en rendra compte à son Supérieur immédiat, & ce compte rendu de grade en grade, & parvenu à celui qui commandera le régiment, le Commandant ordonnera la punition dans les vingt-quatre heures.

24.

LES Fêtes & les Dimanches, on battra la Messe à l'heure ordonnée par le Commandant du régiment; les compagnies s'assembleront, les Officiers les conduiront à l'église, & veilleront à ce que la plus grande décence soit observée pendant le Service divin.

25.

SA MAJESTÉ autorise les Officiers généraux ayant commandement sur ses Troupes, d'ajouter à ce qui est prescrit dans le présent Titre, tout ce qu'ils croiront nécessaire pour assurer la bonne police des régimens qui se trouveront sous leurs ordres, suivant les positions & les circonstances, & d'ordonner ce qu'ils jugeront convenable pour empêcher le libertinage

& prévenir la désertion. Elle leur enjoint particulièrement, ainsi qu'aux Chefs des corps, de maintenir en tout ce qui pourra dépendre d'eux, la paix, l'union & la réciprocité des devoirs sociaux entre les Troupes & les habitans des lieux où elles seront en garnison ou en quartier.

TITRE VII.

De la Discipline & de la Subordination.

ARTICLE PREMIER.

L'INTENTION de Sa Majesté est qu'il soit établi dans tous les régimens d'Infanterie, de Cavalerie, de Dragons & de Hussards une subordination graduelle, qui, sans rien perdre de sa force, soit douce & paternelle, & qui fondée sur la justice & la fermeté, écarte tout arbitraire & toute oppression, en maintenant les surbordonnés dans l'observation de leurs devoirs; Elle veut que les Soldats, Cavaliers, Dragons, Chasseurs & Hussards de ses Troupes, soient traités avec la plus grande humanité & la plus grande douceur, qu'il ne leur soit jamais fait aucun tort, qu'ils trouvent dans leurs Supérieurs des guides bienfaisans; que les châtimens que quelques-uns pourroient mériter, soient conformes à la loi, & que les Officiers les conduisent, les dirigent & les protègent avec les soins qu'ils doivent à des hommes de la valeur & de l'obéissance desquels ils attendent une partie de leur gloire & de leur avancement.

2.

EN tout ce qui concerne, ou pourroit concerner son service & l'honnêteté publique, Sa Majesté ordonne que le Soldat obéisse au Caporal; le Cavalier, Dragon ou Hussard au Brigadier; le Caporal au Sergent, le Brigadier au Maréchal-des-logis, le Sergent au Sergent-major, le Maréchal-des-logis au Maréchal-des-logis en chef, les Sergens-majors & Maréchaux-des-logis en chef au Sous-lieutenant, le Sous-lieutenant au Lieutenant en ſecond, le Lieutenant en ſecond au Lieutenant, le Lieutenant au Capitaine en ſecond, le Capitaine en ſecond au Capitaine, le Capitaine au Major, le Major au Lieutenant-colonel, le Lieutenant-colonel au Colonel en ſecond, le Colonel en ſecond au Colonel, le Colonel au Maréchal-de-camp, & le Maréchal-de-camp au Lieutenant général.

3.

TOUT Officier pourra punir ſon inférieur en grade, par les arrêts, ſous la condition expreſſe d'en rendre compte ſur le champ à celui qui aura le grade ſupérieur au ſien; quant à la peine de la priſon, elle ne pourra être ordonnée à un Officier que par ceux de l'État-major.

4.

LES Colonels ou ceux qui commanderont en leur abſence, rendront compte tous les mois, & extraordinairement lorſque les évènemens ou les circonſtances l'exigeront, de tout ce qui concernera le régiment à leurs ordres, aux Officiers généraux de la diviſion; & le Lieutenant général adreſſera tous les mois au Secrétaire d'État de la guerre, & plus ſouvent, s'il y a lieu, un état ſommaire de la ſituation de chacun des corps de ſa diviſion.

5.

LE Colonel aura dans ſon régiment, toute l'autorité militaire, pour faire exécuter ce qui ſe trouvera preſcrit par les Ordonnances, & ce qui ſera ordonné par les Officiers généraux de la diviſion; & fera en conſéquence, les règlemens qu'il croira néceſſaires pour établir ſolidement la ſubordination, maintenir la diſcipline, & aſſurer l'exactitude du ſervice.

6.

DÉFEND Sa Majeſté au Colonel en ſecond, & à tout autre Officier qui pourroit commander le régiment en ſon abſence, de rien changer ou innover, ſans l'aveu du Colonel, aux règlemens qu'il aura établis; voulant que les ordres & inſtructions du Colonel aient leur pleine & entière exécution.

7. DANS

7.

DANS le cas de circonſtances extraordinaires & imprévues, qui, en l'abſence du Colonel, paroîtroient exiger quelques changemens, additions ou modifications aux réglemens par lui établis; celui qui commandera le régiment, & qui n'ayant pas un temps ſuffiſant pour ſe procurer l'aveu du Colonel, ſe croiroit obligé de prendre un parti qui ne ſeroit pas conforme à ſes inſtructions, ſera tenu de lui en rendre compte ſur le champ, & demeurera reſponſable des inconvéniens qui pourroient réſulter des changemens qu'il aura faits, s'il eſt reconnu que ces changemens n'étoient pas néceſſaires.

8.

DANS les régimens qui auront trois Colonels, l'autorité ſupérieure appartiendra au Colonel titulaire, en ſon abſence au Colonel-commandant, & en l'abſence du Colonel-commandant au Colonel en ſecond.

9.

VEUT Sa Majeſté que le Supérieur trouve toujours dans l'inférieur une obéiſſance paſſive, & que tous ordres donnés concernant ſon ſervice, ſoient exécutés littéralement, ſans retard & ſans réclamation.

10.

LES Mémoires contenant des demandes de congés, permiſſion, ou de telle autre grâce que ce puiſſe être, qui devront être rédigés dans la forme qui ſera preſcrite, ne ſeront remis déſormais au Secrétaire d'État ayant le département de la guerre, que par le Lieutenant général commandant la diviſion, qui les recevra du Maréchal-de-camp, à qui ils parviendront de grade en grade, en remontant, de celui qui formera la demande. Défend Sa Majeſté à ſes Officiers généraux, aux Officiers ſupérieurs & particuliers des corps, de s'écarter de cette loi, & au Secrétaire d'État de la guerre, de lui rendre compte d'aucun Mémoire qui lui ſeroit parvenu par une autre voie.

11.

Sa Majesté en prescrivant cette règle, n'entend cependant pas réduire l'inférieur à l'impossibilité de recourir à son autorité pour obtenir justice contre ses chefs, s'il avoit des raisons valables de s'en plaindre. Dans ce cas unique, Elle permet à celui qui se croira lésé, d'adresser son Mémoire directement au Secrétaire d'État ayant le département de la guerre; mais Elle lui prescrit comme un devoir indispensable d'en demander la permission à l'Officier général commandant la division, qui ne pourra la lui refuser; déclarant Sa Majesté qu'Elle punira avec la plus grande sévérité tout subordonné dont les plaintes contre un Supérieur feroient mal fondées, & sur-tout si elles portoient le caractère de l'insubordination.

12.

Quelqu'étendu que soit le pouvoir que Sa Majesté confie aux Officiers généraux & aux Chefs des corps, Elle n'entend point leur donner le droit de pardonner une faute sur laquelle ses Ordonnances auroient prononcé. Elle ordonne en conséquence à tous ceux qui sont chargés de quelque commandement, de ne se dispenser, dans aucun cas, de faire subir à un coupable la punition que prescrit la loi; mais l'intention de Sa Majesté est en même-temps que tout Soldat, Cavalier, Dragon ou Chasseur des Régimens françois, qui aura été jugé par un Conseil de guerre, & condamné à une peine capitale, pour tout autre crime que celui de la désertion, ne puisse subir le jugement qui aura été prononcé contre lui, qu'au préalable les informations & la Sentence motivée n'aient été envoyées au Secrétaire d'État de la guerre, qui lui en rendra compte; Sa Majesté se réservant le droit de ratifier ladite Sentence, de la mitiger, de l'infirmer, ou enfin de faire grâce si Elle le juge convenable. En temps de guerre, les informations & la Sentence seront remises au Général de l'armée, à qui Sa Majesté veut bien attribuer le droit qu'Elle se réserve par le présent article.

13.

Défend très-expressément Sa Majesté à tout Chef &

Commandant, quelque dignité & grade qu'il puisse avoir, de jamais se permettre vis-à-vis de ses subordonnés aucun propos qui pourroit les humilier, injurier & insulter, sous peine d'être destitué & déclaré incapable de la servir: Défend également aux Officiers particuliers, de tutoyer & injurier les Soldats.

TITRE VIII.

Des Récompenses Militaires.

ARTICLE PREMIER.

SA MAJESTÉ considérant que tout homme qui s'étant dévoué dans ses Troupes au service de la Patrie, quitte ce service lorsqu'il peut encore lui être utile, n'a rien à prétendre de l'État dont il a été payé en considération & en appointemens, & que les récompenses militaires, autres que celles purement honorifiques, ne sont dûes qu'à ceux qui éprouvent l'obstacle invincible qu'opposent à une volonté soutenue, l'âge, l'épuisement des forces & les infirmités; Elle déclare qu'Elle n'accordera à l'avenir aucune retraite aux Officiers & Soldats qui quitteront le service, à moins qu'il n'ait été constaté dans les formes les plus rigoureuses, qu'ils sont dans l'impossibilité de le continuer.

2.

TOUT Officier, de quelque grade que ce soit, qui aura quitté le service, ne sera plus admis à le reprendre, & ne pourra plus participer aux avancemens & aux grâces. Cette loi aura son entier effet à l'égard de tous ceux qui se trouvent aujourd'hui avoir quitté le service volontairement; mais ne sera point applicable à ceux que Sa Majesté a jugé, ou jugeroit à propos de réformer, lesquels conserveront leur activité.

3.

SA MAJESTÉ conserve toutes les pensions & gratifications

annuelles qui ont été précédemment accordées; mais Elle déclare qu'Elle n'en accordera plus à l'avenir, se réservant seulement d'accorder des gratifications extraordinaires aux Corps qui auront fait quelque action d'éclat & d'une grande utilité, aux Officiers blessés à la guerre, à ceux que des maladies ou des pertes d'équipages auroient obérés & mis hors d'état de se soutenir, enfin à ceux qui auront été chargés de quelques commissions extraordinaires.

4.

Les Officiers qui, favorisés par des circonstances heureuses, auront eu le bonheur de faire quelque action d'éclat, ou de rendre un service important, n'obtiendront point une récompense pécuniaire, qui ne pourroit être qu'insuffisante, mais seront récompensés par des avancemens qui se trouveront liés au bien du service : Sa Majesté leur accordera un grade supérieur; & s'il ne se trouve aucun emploi vacant dans le nouveau grade qu'ils auront obtenu, ils jouiront à la suite d'un régiment, jusqu'à la première vacance, des appointemens attachés à ce nouveau grade.

5.

Les Officiers que l'âge, l'épuisement des forces, des infirmités bien constatées ou des blessures, mettront dans l'impossibilité de continuer leurs services, jouiront, en se retirant, de la moitié des appointemens de leur grade; & la totalité desdits appointemens sera accordée à ceux qui auront perdu quelques membres à la guerre.

6.

Sa Majesté a fait connoître ses intentions par une Ordonnance particulière, sur les Gouvernemens généraux & particuliers, les Lieutenances de Roi & autres emplois de l'État-major des Places, qui font partie des récompenses militaires : Elle fera également connoître ses intentions, par une Ordonnance particulière, sur la distribution des Croix de l'Ordre militaire de Saint-Louis.

7. Les

7.

Les services des Officiers seront comptés à l'avenir de l'âge de quinze ans.

8.

Sa Majesté ayant, au Titre IV de la présente Ordonnance, supprimé dans les régimens, les hautes-payes attachées aux Vétérans, & aux seize & huit années de services; son intention est qu'à l'avenir il ne soit plus proposé ni accordé aucune solde ni demi-solde en retraite pour ceux des bas Officiers, Soldats, Cavaliers, Dragons, Chasseurs & Hussards, qui auront rempli plusieurs engagemens successifs : Mais Elle veut qu'il soit accordé des pensions de récompenses militaires à ceux des Vétérans & anciens Soldats, Cavaliers, Dragons, Chasseurs & Hussards, qui, par leur âge, leurs infirmités ou leurs blessures, seront absolument hors d'état de continuer leurs services, & déclarés tels après un examen sévèrement constaté en présence des Officiers généraux commandant les divisions, & sur les certificats les plus authentiques des Médecins & Chirurgiens.

9.

Lesdits Vétérans & anciens Soldats, Cavaliers, Dragons, Chasseurs & Hussards, reconnus dans l'impossibilité de continuer leurs services, seront libres d'opter entre lesdites récompenses militaires & l'Hôtel royal des Invalides.

10.

Sa Majesté a fixé les pensions de récompenses militaires, pour ceux qui les préféreront à l'Hôtel royal des Invalides, ainsi qu'il suit;

Savoir,

Infanterie Françoise, Allemande, Irlandoise, Italienne & Corse.

	Par an.
À chaque Sergent-major	300l
À chaque Sergent de Grenadier	180.
À chaque Sergent de Fusilier	168.

m

	Par an.
À chaque Fourrier-écrivain	168^l
À chaque Caporal de Grenadier	126.
À chaque Caporal de Fusilier	120.
À chaque Grenadier	90.
À chaque Fusilier, Chasseur ou Tambour	80.

Cavalerie, Dragons & Hussards.

À chaque Maréchal-des-logis en chef	300.
À chaque Maréchal-des-logis ordinaire	200.
À chaque Fourrier-écrivain	168.
À chaque Brigadier	126.
À chaque Cavalier, Dragon, Chasseur, Hussard & Trompette	90.

11.

Les Sergens-majors & Maréchaux-des-logis en chef, n'obtiendront la pension de récompense militaire attribuée à ce grade, qu'autant qu'ils auront servi huit ans en qualité de Sergens-majors ou de Maréchaux-des-logis en chef; & s'ils n'ont pas servi huit ans dans ces grades, ils ne jouiront, en se retirant, que de la pension fixée pour les Maréchaux-des-logis ordinaires & Sergens de Grenadiers ou de Fusiliers: De même les Maréchaux-des-logis ordinaires, Sergens de Grenadiers ou de Fusiliers, s'ils n'ont pas huit ans de service en ces qualités, ne jouiront que de la pension du grade inférieur; & les Caporaux & Brigadiers qui n'auront pas servi huit ans comme tels, n'obtiendront, s'ils ne peuvent pas continuer leurs services, que les pensions de Soldat ou de Cavalier; Sa Majesté se réservant cependant de dispenser de l'obligation des huit années de service dans le grade supérieur, ceux qui auroient reçus des blessures considérables à la guerre.

12.

Tout homme qui aura obtenu la pension de récompense militaire, sera habillé d'un uniforme neuf en quittant son régiment, & il lui sera payé trente-six livres tous les huit ans pour le renouveler.

13.

Il sera libre de se retirer dans tel lieu du royaume où il voudra fixer son domicile; & s'il a trente ans de service, il jouira dans les provinces où la taille réelle a lieu, de l'exemption de la taille industrielle, & autres impositions personnelles pour raison du trafic, industrie & exploitation auxquelles il pourra se livrer. Veut Sa Majesté que dans les provinces où la taille n'est point réelle, les vétérans retirés avec pension de récompense militaire, soient exempts de la taille ou subvention personnelle & industrielle, ainsi que des autres impositions personnelles, quand même ils feroient commerce. S'ils exploitent leurs héritages, ou prennent des biens d'autrui à ferme, à titre d'adjudication ou autrement, ils seront, de quelque nature que soient lesdits biens, sujets à la taille d'exploitation & autres impositions accessoires de ladite taille; & lesdits vétérans seront, dans tous les cas, sujets au Vingtième & autres charges réelles que supportent les propriétaires de fonds & droits réels.

14.

Les bas Officiers, Soldats, Cavaliers, Dragons, Chasseurs & Hussards qui seront dans le cas d'obtenir les Invalides ou la pension de récompense militaire, ne seront admis à l'Hôtel ou à jouir de la pension, que sur les états qui seront adressés au Secrétaire d'État ayant le département de la guerre, par les Lieutenans généraux commandant les divisions. Ces états, qui seront accompagnés des certificats des Médecins & Chirurgiens, feront mention de l'âge, des services, des blessures & infirmités de ceux qui seront proposés pour l'Hôtel des Invalides ou la pension; des différens grades dans lesquels ils auront servi, & notamment du grade dont la pension devra leur être accordée, conformément aux dispositions de l'article 11, enfin du domicile choisi par ceux qui préféreront la pension. Un double desdits états, avec les routes pour les Invalides, sera renvoyé au Lieutenant général commandant la division, qui fera expédier les congés absolus, & délivrera son certificat d'admission à la pension à ceux des bas Officiers,

Soldats, Cavaliers, Dragons, Chasseurs & Hussards que le Secrétaire d'État de la guerre aura jugés dans le cas de l'obtenir.

15.

TOUT homme qui aura opté pour être admis à l'Hôtel royal des Invalides, ne pourra quitter l'Hôtel & demander la pension; mais les pensionnaires qui se trouveront par leurs infirmités dans l'impossibilité de vivre chez eux, pourront en remettant leurs pensions, demander à entrer à l'Hôtel où ils seront reçus lorsqu'il y aura des places vacantes.

16.

LES pensions de récompense militaire, seront payées sans aucune retenue, & avec les précautions & formalités prescrites par l'Ordonnance du 17 avril 1772, concernant les Invalides pensionnés, les Soldats retirés dans les provinces avec leur solde & demi-solde, & les vétérans, dont Sa Majesté confirme toutes les dispositions auxquelles il n'est point dérogé par la présente. Ordonne Sa Majesté aux Commissaires des guerres, de remplir à l'égard des bas Officiers, Soldats, Cavaliers, Dragons, Chasseurs & Hussards qui obtiendront des pensions de récompense militaire, tout ce que ladite Ordonnance du 17 avril 1772, leur enjoint relativement aux vétérans & aux Soldats retirés dans les provinces avec leur solde & demi-solde.

17.

SA MAJESTÉ ayant par l'article premier du Titre IV, supprimé dans les régimens, à compter du 1.er Mai prochain, les hautes-payes qui avoient été établies par l'Ordonnance du 16 avril 1771; & ayant accordé par l'article 13 du présent Titre, des priviléges dont Elle entend que les bas Officiers, vétérans & anciens Soldats, Cavaliers, Dragons & Hussards actuellement retirés avec solde ou demi-solde, jouissent, ainsi que ceux qui obtiendront par la suite des pensions de récompense militaire; son intention est que les bas Officiers, vétérans & anciens Soldats, Cavaliers, Dragons & Hussards actuellement retirés dans les provinces, avec une solde

solde entière ou une demi-solde plus forte que celle qui étoit réglée par les Ordonnances de l'ancienne constitution pour le simple Soldat, Cavalier, Dragon & Hussard, éprouvent à compter du 1.er Juillet prochain, la diminution de moitié de la haute-paye dont ils jouissent. Ordonne Sa Majesté aux Commissaires des guerres, de faire mention à leur première revue, tant sur leurs contrôles qu'au dos des certificats de service, de tous les hommes retirés avec solde & demi-solde, de cette réduction de moitié, qui ne doit point avoir lieu pour ceux qui n'ont que la solde ou demi-solde de Soldat, Cavalier, Dragon & Hussard, mais que doivent supporter sur la haute-paye tous ceux qui jouissant d'une haute-paye quelconque, se sont retirés avec la solde ou la demi-solde de leur grade.

18.

TOUTES les demandes de grâces, de quelque nature qu'elles soient, seront faites par un Mémoire sur une feuille de grand papier plié en deux dans sa longueur, & le Mémoire sera présenté dans la forme suivante.

INFANTERIE *ou* *CAVALERIE* *ou* *GÉNIE, ainsi du reste.*	DATE DE L'ENVOI DU MÉMOIRE.	*Le nom du RÉGIMENT ou de la PLACE.*

MÉMOIRE
pour tel & tel objet.

Les nom, surnom, qualité, âge & services du demandeur.	Les motifs de la demande.

Après les motifs de la demande détaillés, le demandeur ſignera ſon Mémoire & indiquera ſa demeure, s'il n'eſt pas attaché par un ſervice actuel à un régiment ou à une place.

19.

Si la demande eſt faite par un Officier ſubalterne, il remettra ſon Mémoire à ſon Capitaine, qui enſuite des motifs de la demande, mettra ſon atteſtation & ſes obſervations; le Capitaine portera ou enverra le Mémoire au Major, le Major au Lieutenant-colonel, le Lieutenant-colonel au Colonel en ſecond, le Colonel en ſecond au Colonel-commandant, le Colonel-commandant au Maréchal-de-camp, & le Maréchal-de-camp au Lieutenant général, qui adreſſera le Mémoire au Secrétaire d'État ayant le département de la guerre; tous ces Officiers mettront ſur le Mémoire leurs obſervations qu'ils ſigneront. La même forme ſera obſervée, quelque grade qu'ait le demandeur, qui devra toujours, s'il eſt attaché à un régiment, faire parvenir ſon Mémoire au Lieutenant général commandant la diviſion, par l'Officier du grade ſupérieur au ſien, & ainſi de l'un à l'autre en remontant.

20.

Veut Sa Majeſté qu'il ſoit joint un double à chaque Mémoire, contenant les mêmes détails, mais ſur lequel il n'y aura ni atteſtation ni obſervations: ce double ſera renvoyé à l'Officier demandeur, avec la réponſe affirmative ou négative de Sa Majeſté, qui défend au Secrétaire d'État de la guerre, de lui préſenter une ſeconde fois une demande ſur laquelle Elle auroit prononcé.

21.

Les Officiers retirés du ſervice, & qui auront quelques demandes à faire, feront parvenir leurs Mémoires au Secrétaire d'État ayant le département de la guerre, par l'Officier général commandant dans la province qu'ils habiteront.

22.

Tout Mémoire qui ne ſera pas dans la forme preſcrite,

sera rejeté & demeurera sans réponse, sauf le cas prévu par l'article 11 du *Titre de la Discipline & Subordination.*

TITRE IX.

Des Punitions.

ARTICLE PREMIER.

LES Officiers ne pourront jamais être punis par leurs Supérieurs, que des arrêts ou de la prison.

2.

LA prison ne pourra être ordonnée aux Officiers que par les Officiers généraux, par ceux de l'État-major du corps dans lequel ils serviront, & par les Commandans des Places.

3.

VEUT Sa Majesté que les Officiers, à qui la peine de la prison aura été ordonnée, ne recoivent personne dans la prison, & que la même peine de la prison soit encourue par les Officiers qui iront les visiter.

4.

TOUT Officier qui ayant été puni par son Supérieur, manqueroit à la subordination au point de lui en demander raison, même après avoir quitté le service, sera mis au Conseil de guerre, déclaré incapable de servir Sa Majesté, & condamné en vingt ans de prison, à moins qu'il ne prouve que le Supérieur a abusé de son autorité en l'injuriant ou l'insultant personnellement par des paroles offensantes, & le Supérieur qui se prêteroit à une satisfaction sera cassé.

5.

LES Officiers qui se mettroient malheureusement dans le cas de mériter des punitions plus sévères que la prison, ne pourront être condamnés à les subir que par le jugement d'un Conseil de guerre, présidé par un Officier général.

6.

Sa Majesté, convaincue que la peine de la prison est destructive de la santé du Soldat, Elle veut que cette peine ne soit ordonnée qu'avec ménagement. Elle a fait connoître ses intentions dans le *Titre de la police intérieure des Corps*, sur les punitions qui doivent être infligées aux Soldats, Cavaliers, Dragons, Chasseurs & Hussards, pour les fautes légères & qui n'intéresseront pas trop essentiellement le bon ordre, l'obéissance & la discipline.

7.

A l'égard des fautes graves qui compromettront grièvement le service, ou qui seront attentatoires aux Loix, Sa Majesté sera connoître sa volonté dans l'Ordonnance qu'Elle se propose de rendre incessamment, sur les Crimes & Délits militaires.

TITRE X.

Avancement & nomination aux Emplois vacans.

ARTICLE PREMIER.

Sa Majesté considérant que le succès & la gloire de ses armes, dépend du choix des Officiers, & particulièrement de ceux à qui Elle veut bien confier le commandement en chef des régimens : Elle veut que la nomination aux emplois vacans, soit assujettie à des règles qui assurent, autant qu'il sera possible, la bonté du choix des Officiers qui doivent donner l'exemple à ses Troupes, en dirigeant leur valeur ; & en conséquence, qu'aucun Officier, quand même il seroit de la naissance la plus distinguée, ne puisse parvenir au commandement en chef d'un Corps, qu'il n'ait auparavant servi dans ses troupes d'Infanterie, Cavalerie, Dragons ou Hussards pendant quatorze ans, dont six dans le grade de Colonel en second, & qu'il n'ait donné, dans les différens

emplois

emplois qu'il aura remplis, des preuves conftantes de zèle, d'intelligence, d'application & de bonne conduite.

2.

VEUT Sa Majefté que les places de Colonel en fecond, deftinées aux jeunes gens de qualité, qui mériteront de les obtenir par leur zèle & leur attachement à fon fervice, ne foient propofées que pour ceux qui auront fervi pendant huit ans, dont trois en qualité de Sous-lieutenant ou de Lieutenant, & cinq en celle de Capitaine dans l'un de fes régimens d'Infanterie, Cavalerie, Dragons ou Huffards.

3.

POUR exciter l'émulation & récompenfer les fervices diftingués des Officiers fupérieurs des Corps, Sa Majefté élèvera au commandement en chef des régimens, ceux des Lieutenans-colonels & Majors de fes Troupes, qui fe rendront dignes de cette grâce, fans les affujettir à paffer par le grade de Colonel en fecond.

4.

DANS aucun cas, ni pour quelque motif que ce puiffe être, le Colonel en fecond d'un régiment, ne pourra être propofé pour Colonel-commandant de ce régiment.

5.

L'INTENTION de Sa Majefté étant que les Colonels-commandans, les Colonels en fecond, & en général tous les Officiers de fes Troupes, foient affujettis à un fervice réglé & affidu, dont Elle entend ne les difpenfer dans aucune circonftance; Elle veut qu'il ne lui foit jamais propofé, pour un emploi actif, aucun Officier qu'Elle auroit jugé à propos d'employer dans les négociations, ou à qui Elle auroit accordé une place qui exigeroit une réfidence non interrompue & indifpenfable. Veut Sa Majefté qu'il foit actuellement nommé aux emplois de ceux de fes Officiers qui fe trouvent aujourd'hui dans l'une ou l'autre de ces pofitions, en leur confervant le rang qui leur appartient dans fes Troupes en vertu de leurs commissions, & le droit d'être avancés à un grade supérieur.

6.

L'INTENTION de Sa Majesté est que les dispositions de l'article 18 de son Ordonnance du 26 avril 1775, concernant les commissions de Colonel, soient maintenues dans toute leur étendue, soit que ces commissions aient été accordées purement & simplement, soit qu'elles l'aient été en vertu des prérogatives attachées aux charges des États-majors. Veut Sa Majesté que les pourvus de pareilles commissions, ne datent de leur rang de Colonel, pour participer aux promotions, que du jour qu'ils obtiendront des places de Colonel en second, de Lieutenant-colonel ou de Major en activité.

7.

DÉCLARE Sa Majesté qu'Elle n'accordera plus à l'avenir de commissions de Colonels, si ce n'est dans le cas prévu par l'article 4 du *Titre des Récompenses militaires.*

8.

LES Officiers pourvus des charges des compagnies Colonelles dans les régimens des États-majors de la Cavalerie & des Dragons, conserveront lesdites charges; mais vacance arrivant, il sera diminué un quart de leur finance, conformément aux dispositions de l'Ordonnance de ce jour, portant suppression de la finance des emplois militaires; & il ne pourra être présenté pour occuper ces charges, que des sujets qui auront le temps de service prescrit par l'Ordonnance.

9.

SA MAJESTÉ en continuant aux Princes de son Sang, le droit de présentation aux emplois qui vaqueront dans leurs régimens, se réserve à Elle seule, dans tous les Corps, la disposition des places de Colonels, de Colonels en second, Lieutenans-colonels & Majors, Elle choisira les Lieutenans-colonels & Majors, soit dans les Officiers des régimens dans lesquels les Lieutenances-colonelles & Majorités seront vacantes, soit dans les autres régimens de son armée; suivant qu'Elle le jugera convenable au bien de son service, ou nécessaire au maintien de la discipline, & à mérite égal Elle accordera la préférence à l'ancienneté.

10.

AUCUN Officier ne pourra être proposé pour une place de Lieutenant-colonel, qu'après quinze ans de service révolus, & qu'après douze ans de service pour une place de Major.

11.

SA MAJESTÉ ayant donné une consistance plus solide & plus forte à toutes les compagnies d'Infanterie & des Troupes à cheval, & ayant jugé du bien de son service, d'établir dans chaque compagnie un Capitaine en second, subordonné au Capitaine en pied, dans la vue de n'élever au commandement en chef des compagnies que des Officiers instruits & éprouvés; son intention est que lorsqu'il vaquera une compagnie, le Capitaine en second le plus ancien, ne l'obtienne qu'à mérite égal, & que les Colonels qui auroient des motifs fondés pour exclure l'ancien, proposent un de ceux qui le suivra, s'il a donné plus de preuves d'activité, de zèle, d'application & d'intelligence : Veut dans ce cas Sa Majesté, que pour s'assurer de l'impartialité dans le choix, & écarter la réclamation de ceux qui n'auroient en leur faveur que le droit de l'ancienneté, les motifs d'exclusion pour les uns, & de préférence pour l'autre, soient discutés & examinés dans le Conseil établi dans chaque régiment, & que dans cette occasion le Maréchal-de-camp de la division préside le Conseil à la place du Colonel-commandant, qui n'aura point de voix à donner.

12.

VEUT Sa Majesté que celui qui, après un examen détaillé des raisons pour & contre, réunira la majorité des suffrages, soit proposé de préférence; le Colonel-commandant en fera mention dans son Mémoire, qui sera signé de tous les Membres du Conseil.

13.

L'INTENTION de Sa Majesté est qu'il en soit usé de même pour les Lieutenans qui devront monter aux places de Capitaine en second, ainsi que pour les Sous-lieutenans qui seront à nommer aux lieutenances, toutes les fois que le Colonel-commandant aura des raisons d'exclusion à alléguer contre l'ancien.

14.

SA MAJESTÉ a fait connoître ses intentions relativement aux Cadets-gentilshommes, dans l'Ordonnance de leur création; mais ne s'étant point expliquée particulièrement pour ceux qui seront placés dans les régimens Allemands, veut Sa Majesté qu'ils soient nés sur des terres hors de sa domination, dans les pays où la langue Allemande est la langue dominante, & que leur noblesse soit constatée par un certificat de quatre Gentilshommes, légalisé par le grand Juge de la chambre de Wetzlar, ou par le Syndic du directoire où leur nom est immatriculé.

15.

PERMET Sa Majesté qu'il soit admis dans les régimens Allemands, moitié des Cadets nés dans la province d'Alsace ou dans la Lorraine-allemande, au-delà de la Sarre, en prouvant leur noblesse dans la forme prescrite pour les Gentilshommes françois.

16.

L'INTENTION de Sa Majesté est que les Porte-drapeaux soient toujours tirés du corps des Sergens-majors, & les Porte-étendards, de celui des Maréchaux-des-logis en chef, & que les Lieutenans en second & les Sous-lieutenans des compagnies de Grenadiers soient choisis dans lesdits Porte-drapeaux & Sergens-majors, sans considération pour l'ancienneté, qui, à leur égard, doit céder au mérite, aux talens & à la bonne conduite.

17.

L'ADJUDANT du régiment sera choisi dans les bas Officiers qui

qui auront montré le plus de zéle, d'intelligence & d'activité, sans aucun égard à l'ancienneté: l'intention de Sa Majesté est qu'il ait rang de premier Sergent-major dans l'Infanterie, & de premier Maréchal-des-logis en chef dans la Cavalerie, les Dragons & les Hussards, & qu'il lui soit accordé des lettres de Sous-lieutenant, avec les appointemens de ce grade lorsqu'il aura rempli les fonctions de cet emploi pendant dix ans en temps de paix, & pendant cinq ans en temps de guerre.

18.

UNE des principales fonctions de l'Adjudant, sera de faire le premier l'examen des Soldats, Cavaliers, Dragons, Chevaux-légers, Chasseurs & Hussards, que les Commandans des compagnies proposeront pour être faits Caporaux & Brigadiers, & des Caporaux & Brigadiers qui seront proposés pour monter aux emplois de Sergens & de Maréchaux-des-logis; il rendra compte au Major des connoissances & qualités qu'il aura reconnues dans les sujets proposés, qui seront ensuite examinés successivement par le Major & le Lieutenant-colonel, qui, après toutes les informations nécessaires sur leurs talens, leurs mœurs & leur conduite, les proposeront au Colonel-commandant, pour être par lui agréés.

19.

LORSQUE les Sergens, Maréchaux-des-logis, Caporaux & Brigadiers auront été reçus en ces qualités, l'Adjudant, à qui tous les Sergens-majors, Maréchaux-des-logis en chef & tous les bas Officiers des compagnies sont subordonnés, s'occupera à les instruire, les former, les encourager, & tous les mois il remettra au Major du régiment, ou à celui qui en remplira les fonctions, un état de tous les bas Officiers, dans lequel il rendra compte de leur conduite, de leurs talens & de leurs progrès.

TITRE XI.

Formation des Troupes en Divisions.

ARTICLE PREMIER.

SA MAJESTÉ persuadée qu'une constitution militaire ne peut acquérir le degré de perfection nécessaire, si les Officiers généraux destinés à commander les Troupes pendant la guerre, ne sont pas maintenus en temps de paix dans une relation intime & directe avec elles, & dans l'habitude de les manœuvrer; Elle veut que toutes ses Troupes, à l'exception de celles de sa Maison, de la Gendarmerie, & de ses deux régimens des Gardes, soient réparties en différentes divisions, & que chacune de ces divisions soit commandée par un Lieutenant général, qui aura sous ses ordres des Maréchaux-de-camp.

2.

CES Officiers généraux veilleront sans cesse à l'exacte observation de tout ce qui est prescrit dans la présente Ordonnance, & s'occuperont principalement du soin d'établir & de maintenir, dans les Troupes de Sa Majesté, le bon ordre, la subordination & la discipline.

3.

SA MAJESTÉ réglera, par un état particulier qu'Elle se propose d'arrêter incessamment, le traitement qu'Elle jugera convenable d'accorder aux Officiers généraux qui seront employés aux divisions, lequel n'aura lieu que lorsqu'ils y seront présens.

4.

LA répartition des régimens en divisions, sera faite sur les ordres particuliers de Sa Majesté, d'après la disposition générale de l'emplacement des Troupes dans le royaume, & il sera assigné aux Officiers généraux des résidences fixes au centre des places ou quartiers qui feront occupés par les Troupes de leurs divisions.

5.

Veut Sa Majesté que les Lieutenans généraux, chefs de division, & les Maréchaux-de-camp à leurs ordres, seuls chargés de l'instruction, police & discipline des Troupes, soient subordonnés aux Commandans dans les provinces, pour tout ce qui concerne la sûreté desdites provinces; & que les Lieutenans généraux, chefs de divisions, rendent compte aux Commandans dans les provinces, de tout ce qui intéressera le service de Sa Majesté.

6.

Sa Majesté fera expédier des ordres au plus ancien Lieutenant général, chef de division, pour commander dans les provinces où les Gouverneurs ne résideront pas, & où Sa Majesté n'aura pas jugé à propos d'établir un Commandant en chef.

TITRE XII.

Des Congés & Semestres.

Article premier.

Les Lieutenans généraux à qui Sa Majesté confiera le commandement des divisions, serviront à leurs divisions pendant quatre mois de l'année, savoir; Avril, Mai, Septembre & Octobre, & les Maréchaux-de-camp qui seront sous leurs ordres, y serviront par semestre, les uns du 1.er Janvier au dernier Juin, les autres du 1.er Juillet au dernier Décembre.

2.

Sa Majesté trouvera bon que les Maréchaux-de-camp attachés aux divisions, s'arrangent entr'eux pour le temps de leur service, mais le tour une fois établi, ne pourra être changé qu'avec l'agrément du Lieutenant général commandant la division, qui s'adressera au Secrétaire d'État ayant le département de la guerre, pour en obtenir la permiſſion de Sa Majeſté, dont l'intention eſt qu'il y ait toujours un Officier général préſent à la diviſion.

3.

DANS le cas où, par des circonſtances particulières, un Officier général employé à une diviſion ne pourroit pas y faire ſon ſervice, & ſe trouveroit forcé de ſupplier Sa Majeſté de l'en diſpenſer, ſon traitement ceſſera; Sa Majeſté choiſira pour le remplacer, un Officier général du même grade, dans le nombre de ceux qui ne ſe trouveront point employés, & il ne pourra rentrer à une diviſion, que lorſque, par les mêmes circonſtances, il y aura lieu à un remplacement.

4.

LE ſervice des Colonels-commandans & des Colonels en ſecond, commencera le 1.er Mai, & finira le dernier Septembre, ils ſeront libres le 1.er Octobre d'aller où leurs affaires les appelleront; mais Sa Majeſté leur défend expreſſément de quitter leurs drapeaux pendant le temps de leur ſervice, ne fût-ce que pour vingt-quatre heures, ſans la permiſſion de l'Officier général commandant la diviſion.

5.

VEUT cependant bien Sa Majeſté permettre à ceux des Colonels-commandans & Colonels en ſecond, qui auroient des affaires importantes, de s'abſenter pendant les mois de Juillet & Août, ſur des congés qu'Elle ſera diſpoſée à leur accorder; mais ſous la condition expreſſe de remplacer, après leur retour, ces deux mois d'abſence par un mois de prolongation de ſervice.

6.

DISPENSE Sa Majeſté de ce ſervice, les Colonels des régimens Suiſſes, Allemands ou Étrangers, qui ſont Officiers généraux; voulant qu'ils ſoient toujours paſſés préſens dans les revues des Commiſſaires des guerres, juſqu'à ce qu'il lui plaiſe d'en ordonner autrement.

7. LES

7.

Les Lieutenans-colonels & les Majors rouleront ensemble pour le semestre, qui commencera le 1.er Octobre, & finira le dernier Mars; l'intention de Sa Majesté est que l'un de ces deux Officiers supérieurs soit toujours présent au corps.

8.

Dans toutes les compagnies d'Infanterie, de Cavalerie, Chevaux-légers, Dragons, Chasseurs & Hussards, le Capitaine en pied & le Capitaine en second, le premier Lieutenant & le Lieutenant en second, & les deux Sous-lieutenans rouleront ensemble pour le semestre, de façon qu'il reste toujours au régiment, dans chaque compagnie pendant le semestre, un Capitaine, un Lieutenant & un Sous-lieutenant.

9.

Les Porte-drapeaux ne s'absenteront que sur des congés.

10.

Quant aux Cadets-gentilshommes, Sa Majesté a fait connoître ses intentions par l'article 20 de l'Ordonnance de leur création.

11.

Sa Majesté veut bien permettre aux Officiers qui roulent ensemble pour le semestre, de le partager. En cas de partage, le Commissaire des guerres en fera mention dans son procès-verbal de semestre; & celui qui ne devra jouir que de la seconde portion du semestre, ne pourra partir que lorsque celui avec qui il l'aura partagé, sera de retour au régiment.

12.

Déclare Sa Majesté qu'Elle n'accordera plus de congés, à moins de circonstances extraordinaires les plus privilégiées, ou de maladies graves bien constatées.

13.

Les Officiers qui devront jouir du semestre, s'assembleront chez le Commiſſaire des guerres, du 20 au 30 de Septembre, pour ſigner le procès-verbal de ſemeſtre. Défend Sa Majeſté aux Commiſſaires des guerres, de recevoir la ſignature d'aucun Semeſtrier avant le 20 Septembre.

14.

DÉFEND Sa Majeſté, ſous peine de trois mois de priſon, & de privation du ſemeſtre ou du congé qu'il auroit obtenu, à tout Officier de quitter ſon corps avant le jour fixé pour jouir du ſemeſtre ou du congé. Ordonne Sa Majeſté aux Commiſſaires des guerres ayant la police des régimens, ſous peine de trois mois d'interdiction, d'informer ſur le champ le Secrétaire d'État ayant le département de la guerre, de toute tranſgreſſion à cette loi.

15.

VEUT cependant bien Sa Majeſté, que dans les grandes garniſons où il ſe trouvera pluſieurs régimens, le Lieutenant général commandant la diviſion, autoriſe un certain nombre d'Officiers à partir ſucceſſivement les 26, 27, 28, 29 & 30 Septembre, pour éviter l'engorgement ſur les routes, & les difficultés d'avoir des chevaux; mais cette exception n'aura jamais lieu dans les garniſons ou quartiers où il n'y aura qu'un ſeul régiment.

16.

LORSQU'UN régiment aura reçu des ordres pour ſe mettre en marche, à commencer du 15 de Septembre, permet Sa Majeſté aux Officiers qui devront jouir du ſemeſtre, de ſigner le procès-verbal la veille du départ du régiment, & de le quitter le jour qu'il ſe mettra en marche pour ſe rendre à ſa deſtination.

17.

L'OBLIGATION de faire au moins deux hommes de recrue, ayant été juſqu'à préſent une condition impoſée aux Capitaines, Lieutenans & Sous-lieutenans qui s'abſentoient par ſemeſtre; l'intention de Sa Majeſté n'eſt point d'en diſpenſer ceux qui s'abſenteront par ſemeſtre à l'avenir. Mais l'établissement des dépôts de recrue pouvant rendre le travail des Officiers semestriers moins nécessaire ; veut Sa Majesté qu'ils ne soient assujettis à faire des recrues, qu'autant qu'ils en auront reçu l'ordre par écrit du Conseil d'administration de leur régiment.

18.

Le prix des engagemens se trouvant fixé au *Titre des Recrues*, le Conseil d'administration règlera seulement les dépenses qu'il lui paroîtra justes d'allouer aux Officiers semestriers qui auront été chargés de faire des recrues.

19.

Le semestre des bas Officiers, Soldats, Cavaliers, Dragons, Chasseurs & Hussards, commencera au 1.er Octobre, & finira le dernier Mars. Permet Sa Majesté aux Commandans des corps, d'accorder, en temps de paix, vingt congés de semestre par chaque compagnie de Grenadiers, & vingt-cinq par chaque compagnie de Fusiliers, de Chasseurs, de Cavalerie, de Chevaux-légers, de Dragons & de Hussards.

20.

Tout bas Officier, Soldat, Cavalier, Chevau-léger, Dragon, Chasseur & Hussard, qui aura obtenu un congé de semestre, fera viser sa cartouche aussitôt après son arrivée dans le lieu où il se proposera de passer le temps de son semestre, par l'Officier de Maréchaussée dans l'arrondissement duquel il se trouvera.

21.

Conformément à ce qui est prescrit par les Ordonnances de ce jour, concernant les Troupes de Sa Majesté, la demi-solde des hommes qui s'absenteront par congé, & la solde entière de ceux qui n'auront pas rejoint à l'expiration de leurs congés, seront versées dans la Masse générale : Veut Sa Majesté que les hommes qui auront eu des congés de semestre, & qui ne se trouveront pas présens à leur régiment le 1.er Avril, soient privés de la demi-solde qui leur revient pour le temps de leur absence, à moins qu'ils ne justifient, par les certificats les plus authentiques, l'impossibilité dans laquelle ils auroient pu se trouver de rejoindre, pour cause de maladie bien constatée. Enjoint Sa Majesté aux Officiers de Maréchaussée, d'arrêter tous bas Officier, Soldat, Cavalier, Dragon, Chasseur & Hussard qui, étant en état de marcher, ne sera pas rendu à son régiment le premier jour d'Avril, ou en route pour s'y rendre; l'Officier de Maréchaussée en rendra compte au Secrétaire d'État ayant le département de la guerre, & au Commandant du régiment.

22.

VEUT Sa Majesté que les congés de semestre ne soient accordés qu'à des hommes bien connus & suffisamment instruits; & que tout bas Officier, Grenadier, Soldat, Cavalier, Chevau-léger, Dragon, Chasseur & Hussard qui se sera absenté par semestre, & qui ne rapportera pas à son retour au régiment, un certificat de bonne conduite, à lui délivré par le Curé du lieu dans lequel il aura passé le temps de son semestre, attesté véritable par l'Officier de Maréchaussée, soit privé de sa demi-solde, & ne puisse obtenir de congé de semestre à l'avenir.

23.

SA MAJESTÉ ayant fait connoître ses intentions dans le présent Titre, Elle ne rendra plus chaque année, d'Ordonnances particulières pour régler les semestres: Elle enjoint aux Commissaires des guerres, de se conformer exactement à l'avenir à tout ce que les Ordonnances rendues le 15 juillet 1775, pour régler le semestre de ses Troupes leur prescrivent, relativement à la rédaction des procès-verbaux de semestre, aux mentions que lesdits procès-verbaux doivent contenir, aux signatures dont ils doivent être souscrits, & à l'envoi à faire par eux des doubles & copies desdits procès-verbaux.

24.

VEUT Sa Majesté que les dispositions desdites Ordonnances, soient également observées à l'avenir, en ce qui concerne le payement à faire aux Officiers semestriers, de

leurs

leurs appointemens du mois de ſeptembre, avant leur départ, celui des appointemens du temps de leur abſence à leur retour, & les peines prononcées contre ceux qui n'auront pas rejoint à l'expiration du ſemeſtre.

TITRE XIII.

Des Revues des Commiſſaires des Guerres.

ARTICLE PREMIER.

Les revues des Commiſſaires des guerres, pour ſervir au payement de la ſubſiſtance des Troupes, ſeront faites tous les deux mois, & du 16 au 25 du ſecond mois, ſavoir ; du 16 au 25 Février, pour Janvier & Février; du 16 au 25 Avril, pour Mars & Avril, &c.

2.

Les Commiſſaires des guerres, avant de faire leurs revues, ſeront obligés d'en demander la permiſſion à l'Officier général ou à tout autre qui ſe trouvera commander dans la Place, lequel ſera tenu, ainſi que le Major de ladite Place, d'être préſent auxdites revues, & de veiller à ce qu'il ne s'y paſſe aucun abus.

3.

L'Officier général ou Commandant, à qui le Commiſſaire des guerres aura demandé la permiſſion de faire ſa revue, ne pourra la refuſer ni différer de l'accorder, à moins qu'il n'eût de fortes raiſons, dont il ſeroit tenu de rendre compte ſur le champ au Secrétaire d'État ayant le département de la guerre, & au Commandant dans la province.

4.

Les Commiſſaires des guerres avertiront à l'avance, & au moins la veille, les Majors des Places ou ceux qui y ſeront chargés du détail du ſervice, de l'heure & du lieu qu'ils auront choiſi pour faire leurs revues, & ces derniers en préviendront à l'ordre les Majors des régimens, afin qu'ils s'y préparent ; bien entendu que lesdits Commissaires choisiront une heure qui ne dérange point celle fixée pour monter la garde ou donner l'ordre.

5.

Il continuera à être adressé chaque année, aux Commissaires des guerres, des contrôles pour toutes les Troupes qui seront sous leur police, & les Commissaires des guerres se conformeront exactement, relativement à ces contrôles, à tout ce qui leur est prescrit par les articles 7, 8, 9, 10 & 11 de l'Ordonnance du 20 mars 1764, concernant leurs revues.

6.

Les revues se feront par appel sur le contrôle de chaque compagnie.

7.

L'intention de Sa Majesté est que les Majors des régimens, fassent remettre, tous les huit jours par l'Adjudant, aux Commissaires des guerres chargés de la police desdits régimens, un état par compagnie, contenant les noms des hommes qui seront morts, qui auront déserté, ou qui auront été licenciés ; celui des hommes de recrue, de ceux qui se seront rengagés, & de ceux qui seront passés à de nouveaux grades, soit dans leur compagnie ou dans d'autres ; de ceux qui seront entrés à l'Hôpital du lieu, ou qui en seront sortis ; de ceux qui auront été envoyés aux Hôpitaux externes, ou qui en seront revenus ; des chevaux qui seront morts ou de ceux de remonte qui seront arrivés, & de la quantité des rations de fourrage consommées pendant les huit jours précédens ; les Commissaires des guerres, après avoir vérifié lesdits états, seront tenus d'en former un seul, & de le joindre tous les deux mois à la revue qu'ils enverront au Secrétaire d'État ayant le département de la guerre.

8.

Dans les places ou autres lieux où il n'y aura pas de Commissaire des guerres en résidence, le Commandant de la troupe ſera tenu de remettre ou faire remettre journellement l'état dont il vient d'être parlé dans l'article précédent, au Major de la place; & dans les lieux où il n'y aura ni Commiſſaire des guerres, ni État-major de place ou de quartier, le Commandant de la troupe ſera tenu d'envoyer tous les huit jours au Commandant de ſon corps, ce même état, avec des certificats du Maire du lieu ou autre Officier municipal, conſtatant qu'il eſt déſerté ou qu'il eſt mort tel ou tel homme, qu'il eſt mort ou qu'il eſt arrivé tel ou tel cheval, &c. afin qu'il puiſſe repréſenter leſdits états, avec leſdits certificats, au Commiſſaire des guerres, lors de ſes revues, pour conſtater les changemens qui ſeront ſurvenus tous les jours dans ladite troupe.

9.

LORSQU'UN régiment paſſera la revue, le Commiſſaire fera ſur le contrôle de chaque compagnie, l'appel des hommes qui y ſeront inſcrits, il marquera les préſens & les abſens, & en conſéquence arrêtera la revue.

Dans les régimens de Cavalerie, Huſſards & Dragons, le Commiſſaire comptera les chevaux de chaque compagnie, & vérifiera ſur le contrôle de leur ſignalement, ſi ce ſont effectivement les mêmes.

10.

SI les Commiſſaires jugent à propos de faire défiler les régimens pour faire une vérification plus exacte des compagnies, elles défileront par ſection.

11.

L'INTENTION de Sa Majeſté étant que tous les Officiers & les hommes qui compoſeront les régimens, ſoient préſens aux revues; Elle veut & entend que toutes les gardes & poſtes, & même les Travailleurs aux travaux du Roi, des régimens qui devront paſſer en revue, ſoient généralement relevés par d'autres Troupes de la garniſon; & en cas qu'il n'y eût qu'un régiment dans une place, les gardes & poſtes ſeront relevés par les compagnies de Grenadiers ou par des compagnies entières de Fuſiliers, leſquelles paſſeront enſuite en revue devant le Commiſſaire des guerres; & dans tous les cas le ſurplus du régiment reſtera ſous les armes juſqu'à ce que les compagnies de Grenadiers ou de Fuſiliers, détachées pour les gardes & les poſtes, ayant été relevées par d'autres compagnies qui auroient déjà paſſé en revue, ſe ſoient réunies à la troupe pour paſſer auſſi en revue.

Il en ſera uſé de même pour les régimens de Cavalerie, Huſſards & Dragons.

Les Troupes reſteront ſous les armes, ſans qu'aucun homme puiſſe ſortir de ſon rang avant la fin de la revue.

12.

LES Commiſſaires des guerres, ne comprendront les malades à la chambre, qu'après s'y être tranſportés immédiatement après leur revue & avoir vérifié leur exiſtence; & s'il en avoit été déclaré quelques-uns qui ne s'y trouvaſſent point, les Commiſſaires des guerres en informeront ſur le champ, le Secrétaire d'État ayant le département de la guerre, & ils ne les comprendront point dans leurs extraits de revue.

Les régimens reſteront ſous les armes, & ne rentreront dans leurs quartiers qu'après que les Commiſſaires des guerres auront fait cette vérification.

13.

LES hommes qui ſeront aux hôpitaux de la place, ſeront compris dans les extraits de revue des Commiſſaires des guerres, & feront nombre dans les compagnies; enjoignant Sa Majeſté auxdits Commiſſaires, de ne paſſer leſdits hommes qu'après avoir fait la vérification la plus ſcrupuleuſe de leur exiſtence aux hôpitaux.

14.

L'INTENTION de Sa Majeſté eſt qu'il ſoit expédié, ainſi que cela s'eſt pratiqué juſqu'à préſent, pour toutes les journées d'hôpitaux, des feuilles de retenue ſur les régimens, pour les journées d'hôpitaux des hommes qui auront été paſſés préſens, en conformité de l'article 13 du préſent Titre.

15.

LES hommes qui ſeront aux hôpitaux externes, au moment de

de la revue, ne feront point nombre dans les compagnies, & les Commissaires des guerres n'en feront mention dans leurs extraits de revue, que jusques & compris le jour qu'ils auront quitté le régiment pour se rendre auxdits hôpitaux.

16.

LES hommes qui ayant été traités auxdits hôpitaux externes, un ou plusieurs jours du mois pour lequel la revue sera faite, se seront néanmoins trouvés présens à ladite revue, ne seront point payés de leur solde pendant le temps de leur séjour auxdits hôpitaux; voulant à cet effet Sa Majesté, que les Commissaires des guerres en fassent note sur les extraits de revue.

17.

LE traitement des hommes qui auront été aux hôpitaux externes, devant être en entier à la charge du Roi, & lesdits hommes ne devant point être compris dans l'extrait de revue du régiment, il ne sera point expédié de feuilles de retenue sur le régiment pour raison dudit traitement; mais Sa Majesté voulant être exactement informée des hommes qui seront aux hôpitaux externes, Elle ordonne expressément aux Commissaires des guerres, de joindre à l'expédition de la revue qu'ils devront envoyer tous les deux mois, au Secrétaire d'État ayant le département de la guerre, des états desdits hommes.

18.

CES états devront être dressés régiment par régiment, compagnie par compagnie, & contenir les noms, surnoms & noms de guerre de chaque homme, son grade, le nom de l'hôpital où il sera, le jour qu'il aura cessé d'être payé, & le jour qu'il aura joint sa compagnie après être sorti dudit hôpital externe.

Lesdits états seront signés du Colonel, & en son absence du Lieutenant-colonel ou Commandant le régiment, & du Major, & seront arrêtés en leur présence, par les Commissaires des guerres qui les signeront les derniers.

19.

ENTEND néanmoins Sa Majesté, que la disposition des

articles 14, 15, 16, 17 & 18 du présent Titre, n'ait point lieu à l'égard des régimens Suisses & Grisons, & que les hommes desdits régimens qui seront aux hôpitaux externes ou de la garnison, continuent de faire nombre dans les compagnies: Enjoignant Sa Majesté aux Commissaires des guerres, de les comprendre dans leurs revues, comme présens, sur des certificats des Commissaires des guerres chargés de la police des hôpitaux où seront lesdits hommes, ou du Commandant du corps, qui en sera responsable; lesquels certificats les Commissaires joindront à la revue qu'ils devront envoyer tous les deux mois, au Secrétaire d'État ayant le département de la guerre; au moyen de quoi les malades des régimens Suisses ou Grisons, seront entretenus aux dépens de leur Capitaine.

20.

LES hommes absens par congé, au moment de la revue, feront nombre dans les compagnies; les Commissaires des guerres en feront note sur les contrôles & sur leurs extraits de revue; bien entendu que lesdits Commissaires auront visé leurs congés, ou qu'il leur aura été présenté un état justificatif du jour du départ desdits hommes, certifié par le Commissaire qui auroit visé leur congé; & dans le cas où les congés n'auroient été visés par aucun Commissaire des guerres ou Major de place à leur défaut, ils ne feront pas nombre dans les revues.

21.

LE Commissaire des guerres de la garnison ou quartier d'où une troupe partira, en fera une revue qui devra servir au payement de la solde de ladite troupe jusqu'au jour de son départ, & indépendamment des expéditions qu'il devra en fournir, il la portera par extrait seulement sur le dos de la route, en n'y comprenant que les présens en état de partir; Sa Majesté entendant que l'étape ne soit fournie qu'aux présens seulement, & qu'elle ne soit prise, sous quelque prétexte que ce soit, pour aucun absent.

22.

LES Commissaires des guerres feront mention, dans les

premières revues qu'ils feront, aux Troupes qui arriveront dans leur département, du jour qu'elles feront arrivées, & de celui auquel leur payement devra commencer, en obfervant de rapeler dans cette première revue les jours que lesdites Troupes auront marché, en vivant de leur folde; à cet effet, les Majors des régimens feront tenus de repréfenter aux Commiffaires des guerres, les certificats des Commis de l'Extraordinaire des guerres des lieux d'où lesdites Troupes feront parties, lesquels certificats juftifieront du temps qu'ils auront ceffé de les payer; ils repréfenteront auffi les originaux des routes fur lesquelles les Troupes auront marché, pour connoître les jours pendant lesquels elles n'auront pas reçu l'étape dans les lieux où il n'eft pas d'ufage d'en fournir, & il en fera fait mention dans l'extrait de revue, pour que le décompte puiffe leur en être fait.

23.

LES Commiffaires des guerres marqueront auffi fur leurs extraits de revues, le jour du départ de chaque troupe, & le nombre des jours pendant lesquels la fubfiftance devra lui être payée dans la place, jufqu'à celui de fon départ exclufivement.

24.

LES extraits de revue feront dreffés par les Commiffaires des guerres, dans la forme qui a eu lieu jufqu'à ce jour; les Commiffaires des guerres les figneront feuls, au moyen de quoi ils répondront en leur propre & privé nom, des abus qui auroient pu s'y commettre.

25.

LES Commiffaires des guerres enverront dans les premiers jours du mois qui fuivra celui où ils auront fait des revues, des extraits au Secrétaire d'État ayant le département de la guerre, & ils y joindront l'état des mutations, l'état des malades aux Hôpitaux de la place, & celui des malades aux Hôpitaux externes.

26.

LES Commiſſaires des guerres enverront dans le même temps, de pareilles expéditions de leurs revues, ſans qu'elles ſoient néanmoins accompagnées d'aucun état, à l'Intendant de la province, aux Tréſoriers des places, & au Major du régiment, & de ſimples extraits ſeulement aux Munitionnaires du pain, & autres fourniſſeurs.

27.

VEUT au ſurplus Sa Majeſté, que les diſpoſitions de l'Ordonnance du 20 mars 1764, concernant les revues des Commiſſaires des guerres, ſoient obſervées en tout ce qui ne ſe trouvera pas contraire à la préſente.

TITRE XIV.

Du Service & des Revues des Officiers généraux attachés aux Diviſions.

ARTICLE PREMIER.

AUSSITÔT que les Troupes auront été formées en diviſions, elles ſeront ſous les ordres immédiats des Officiers généraux que Sa Majeſté nommera pour les commander. Tous les ordres relatifs au ſervice, à la diſcipline, à l'adminiſtration, leur parviendront par eux. Chaque régiment rendra compte au Maréchal-de-camp préſent à la diviſion, & le Maréchal-de-camp au Lieutenant général, qui ayant l'autorité ſupérieure, ſera reſponſable envers Sa Majeſté de tout ce qui concernera les troupes de ſa diviſion.

2.

CHAQUE Maréchal-de-camp, employé à une diviſion, fera deux revues des régimens de ſa diviſion, l'une en commençant, & l'autre en finiſſant le temps de ſon ſervice.

3. LES

3.

Les Maréchaux-de-camp, lors de leurs revues, examineront :

1.° Si les Officiers sont armés, équipés, habillés & coiffés uniformément.

2.° Si l'espèce d'homme dont le régiment est composé est telle qu'elle doit être, & propre à la guerre.

3.° Ils réformeront les hommes qu'ils trouveront défectueux.

4.° Ils formeront l'état de ceux qui seront dans le cas d'obtenir les Invalides, ou le traitement réglé au *Titre des Récompenses militaires.*

5.° Ils sépareront les recrues qu'ils examineront homme par homme, & les interrogeront pour savoir si aucuns desdits hommes n'auroient pas été engagés par supercherie ou par force. Ils se feront rendre compte en leur présence des conditions de leur engagement.

6.° Ils examineront aussi l'un après l'autre les chevaux de remonte.

7.° Ils vérifieront si les Soldats, Cavaliers, Hussards ou Dragons sont bien habillés, bien armés, bien équipés & militairement tenus.

8.° Enfin, ils écouteront les plaintes, demandes ou réclamations des Officiers & des Soldats, en feront l'examen en présence des parties intéressées, & rendront justice à qui elle appartiendra.

4.

Le Lieutenant général fera la revue des régimens de la division à ses ordres, dans le courant du mois de Septembre.

5.

Les Officiers généraux employés aux divisions, s'attacheront à connoître la composition du corps des Officiers dans chaque régiment; & ne négligeront rien de tout ce qui pourra les conduire à fixer l'opinion qui sera dûe aux talens,

t

aux mœurs, au caractère & à la conduite de chacun d'eux. Ils vérifieront leur aptitude & leurs connoiſſances dans les exercices & les manœuvres. Ils s'informeront & s'aſſureront par eux-mêmes du degré de zèle qu'ils auront pour le ſervice, de leurs ſoins, de leur attention pour la diſcipline, & de leur dévouement à la ſubordination.

6.

LES Officiers généraux, après leurs revues, procéderont à l'examen de l'adminiſtration économique de chaque régiment. Ils feront aſſembler le Conſeil, prendront communication des regiſtres, & connoiſſance des délibérations enregiſtrées; ils vérifieront la ſituation de la maſſe générale; & ſi le décompte de la retenue pour linge & chauſſure a été fait exactement. Ils manderont les Officiers que le Conſeil aura chargés de quelques détails particuliers, pour qu'il leur ſoit par eux rendu compte deſdits détails, ils ſe feront repréſenter les marchés & quittances des fourniſſeurs, ſe feront ouvrir la caiſſe pour reconnoître ſi les ſommes qu'elle doit contenir, ſont effectivement dans ladite caiſſe, ſoit en eſpèces, ſoit en effets actifs; ils donneront ſur tous les objets de l'adminiſtration les ordres qu'ils jugeront néceſſaires, & après avoir mis leur *viſa* ſur les regiſtres, ils rédigeront un extrait ſommaire de toutes les vérifications & reconnoiſſances par eux faites, & adreſſeront cet extrait au Secrétaire d'État ayant le département de la guerre.

7.

ILS arrêteront, de concert avec le Conſeil d'Adminiſtration, l'état des remplacemens & réparations en effets d'habillement & d'équipement; cet état ſera tranſcrit ſur le regiſtre d'adminiſtration, ſigné de l'Officier général, & des Membres du Conſeil, & il en ſera envoyé un double, également ſigné, au Secrétaire d'État ayant le département de la guerre.

8.

L'INTENTION de Sa Majeſté eſt que les Officiers

généraux, après avoir pris connoiſſance de tous les détails relatifs à l'adminiſtration, s'occupent de l'inſtruction, & faſſent prendre les armes aux compagnies, l'une après l'autre, à une ou deux heures de diſtance. Ils feront commander l'exercice & la manœuvre à chaque compagnie, par le Capitaine, le Capitaine en ſecond, les Lieutenans & les Officiers ſubalternes, qui feront exécuter tout ce qui eſt preſcrit pour l'exercice d'une compagnie.

9.

Après avoir vu les régimens en détail, les Officiers généraux les verront manœuvrer par bataillon dans l'Infanterie, & par deux eſcadrons dans les Troupes à cheval. Ils feront commander les manœuvres ſucceſſivement par le Colonel, le Colonel en ſecond, le Lieutenant-colonel & le Major.

10.

Ils feront auſſi quelquefois raſſembler le régiment pour le faire manœuvrer enſemble, & le feront commander à différens jours, par le Colonel, le Colonel en ſecond, le Lieutenant-colonel & le Major; enfin ils le commanderont eux-mêmes, pour prouver aux Troupes leur propre inſtruction.

11.

Lorsque pluſieurs régimens de la diviſion, ſe trouveront enſemble dans la même garniſon, ou très-à-portée les uns des autres, les Officiers généraux les raſſembleront pour les faire manœuvrer en grand, & pour donner aux Officiers ſupérieurs des Corps une idée des grandes évolutions des armées.

12.

Les Maréchaux-de-camp rendront compte au Lieutenant général de tout ce qui concernera l'adminiſtration, la diſcipline, la tenue, l'exercice & l'inſtruction dans chaque régiment, & le Lieutenant général, en adreſſant au Secrétaire d'État de la guerre, le Livret de la revue qu'il aura faite à chaque régiment, dans le mois de Septembre, joindra à ce Livret un résumé clair & précis de tous les détails de sa revue, en y ajoutant les observations qu'il croira du bien du service de mettre sous les yeux de Sa Majesté.

13.

SA MAJESTÉ ayant rendu une Ordonnance particulière pour son régiment d'Infanterie, par laquelle Elle le maintient dans les priviléges & prérogatives dont il a joui jusqu'à ce jour, le Colonel-lieutenant demeurera seul chargé de l'inspection & administration dudit régiment, qui relativement à la discipline & la subordination, se conformera à tout ce qui est prescrit aux autres Troupes de Sa Majesté.

SA MAJESTÉ déroge à toutes Ordonnances précédemment rendues, qui seroient contraires aux dispositions de la présente.

MANDE & ordonne Sa Majesté aux Officiers généraux ayant commandement sur ses Troupes, aux Gouverneurs & Lieutenans généraux dans ses provinces, aux Commandans de ses villes & places, aux Intendans en ses provinces & sur ses frontières, aux Commissaires des guerres, & à tous autres ses Officiers qu'il appartiendra, de tenir la main à l'exécution de la présente Ordonnance.

FAIT à Versailles le vingt-cinq mars mil sept cent soixante-seize. *Signé* LOUIS. *Et plus bas*, SAINT-GERMAIN.

www.ingramcontent.com/pod-product-compliance
Ingram Content Group UK Ltd.
Pitfield, Milton Keynes, MK11 3LW, UK
UKHW022119260726
13993UKWH00003B/1115